A oração

T.S. (Watchman) Nee

A oração

quando a terra governa o céu

Tradução
Moysés Cavalheiro de Moraes

2. edição

Vida

Vida

Editora Vida
Rua Conde de Sarzedas, 246 - Liberdade
CEP 01512-070 - São Paulo, SP
Tel.: 0 xx 11 2618 7000
atendimento@editoravida.com.br
www.editoravida.com.br

Título do original:
The Prayer Ministry of the Church
edição publicada por
Christian Fellowship Publishers

■

Todas as citações bíblicas foram extraídas da *Almeida Edição Contemporânea* (*AEC*), ©2001, publicada por Editora Vida, salvo indicação em contrário.

■

Todas as citações bíblicas e de terceiros foram adaptadas segundo o Acordo Ortográfico da Língua Portuguesa, assinado em 1990, em vigor desde janeiro de 2009.

Editor responsável: Gisele Romão da Cruz
Revisão de tradução: Nilda Nunes
Revisão de provas: Equipe Vida
Revisão Acordo Ortográfico: Patrícia Murari
Diagramação: Set-up Time
Capa: Arte Peniel

1. edição: 2008
1ª reimp.: set. 2009
2ª reimp.: nov. 2010
3ª reimp.: out. 2011
4ª reimp.: nov. 2012
5ª reimp.: mai. 2014
6ª reimp.: fev. 2017
7ª reimp.: abr. 2018

Dados Internacionais de Catalogação na Publicação (CIP)
(Câmara Brasileira do Livro, SP, Brasil)

Nee, Watchman, 1903-1972.
A oração : quando a terra governa o céu / Watchman Nee ; tradução Moysés Cavalheiro de Moraes. — São Paulo: Editora Vida, 2008.

Título original: *The Prayer Ministry of the Church*.
ISBN 978-85-383-0055-7

1. Louvor a Deus 2. Oração - Igreja Católica 3. Vida cristã I. Título.

08-06976 CDD-248.32

Índice para catálogo sistemático:

1. Oração : Prática religiosa : Cristianismo 248.32

Sumário

1

O ministério de oração da Igreja

> Ora, se teu irmão pecar contra ti, vai, e repreende-o entre ti e ele só. Se te ouvir, ganhaste a teu irmão. Mas se não te ouvir, leva contigo um ou dois, para que pela boca de duas ou três testemunhas toda palavra seja confirmada. E, se não as ouvir, dize-o à igreja; e, se também não ouvir a igreja, considera-o como gentio e cobrador de impostos. Em verdade vos digo que tudo o que ligardes na terra, será ligado no céu; e tudo o que desligardes na terra, será desligado no céu. Também vos digo que, se dois de vós concodarem na terra acerca de qualquer coisa que pedirem, ser-lhe-á concedida por meu Pai, que está nos céus. Pois onde estiverem dois ou três reunidos em meu nome, ali estou eu no meio deles (Mateus 18.15-20).

Essa passagem da Escritura pode ser dividida em duas partes. A primeira, formada pelos versículos 15 a 17, e a segunda pelos versículos 18 a 20. Estudando-as cuidadosamente, podemos ver como elas se relacionam: a primeira parte trata de um caso específico, enquanto a segunda apresenta um princípio geral. O caso específico, citado nos versículos 15 a 17, deve ser tratado de um modo especial, e o princípio geral, encontrado nos versículos 18 a 20, precisa ser diligentemente aprendido. Apesar da ordem em que são apresentadas, a segunda parte do texto é mais importante que a primeira. Ou seja, a primeira seção relaciona-se com uma situação particular, ao passo que a segunda pertence a um princípio geral altamente significativo. O princípio estabelecido na segunda metade desse texto determina a maneira de agir na situação apresentada na primeira parte dele. A segunda parte é o fundamento, a primeira nada mais é que a aplicação da segunda.

Nos versículos 15 a 17, o Senhor Jesus orienta-nos a como tratar o irmão que peca contra outrem. Primeiro, procure persuadi-lo de seu erro. Se não lhe der ouvidos, leve uma ou duas testemunhas com você e fale com ele novamente. Se ele ainda recusar-se a ouvi-lo, então diga à Igreja. Se não ouvir a Igreja, considere-o como um gentio e cobrador de impostos. Ora, depois de o Senhor Jesus mencionar esse caso, prossegue, dizendo: "Em verdade vos digo..." O que ele quer dizer com isso é que há um motivo pelo qual devemos agir assim, a saber: esse caso contém uma tremendo princípio. Daí dizermos que os versículos 18 a 20 formam a base para os versículos 15 a 17.

Neste livro, não nos deteremos nos versículos 15 a 17. Fazemos uso deles apenas para chegarmos a um grande princípio. Veremos que a atitude apresentada nesses versículos é aplicável a milhares de outras situações. Vamos examiná-la mais detalhadamente para saber o que Deus deseja nos mostrar.

A terra governa o céu

"Em verdade vos digo que tudo o que ligardes na terra, será ligado no céu; e tudo o que desligardes na terra, será desligado no céu". Qual é a característica desse versículo? O ponto em questão aqui é que a ação na terra precede a ação do céu. Não é no céu que as coisas são ligadas primeiro, mas sim na terra; não é no céu que são desligadas primeiro, mas sim na terra. Se algo é ligado na terra, também o será no céu; se for desligado na terra, consequentemente será desligado no céu. A ação do céu é governada pela ação da terra. Tudo o que contradiz a Deus precisa ser amarrado, e tudo o que concorda com Deus precisa ser solto. Qualquer coisa que deva ser atada ou desatada, deve começar na terra. A ação na terra precede a ação no céu. A terra governa o céu.

Vejamos alguns exemplos do Antigo Testamento que nos ajudarão a ilustrar essa verdade. Durante a batalha dos israelitas contra Amaleque, enquanto Moisés, no topo do outeiro, erguia as mãos, Israel prevalecia; quando, porém, as baixava, Amaleque prevalecia (ver Êxodo 17.9-11). Quem decidia a vitória ou derrota ao pé da colina? Era Deus ou era Moisés? Aqui vemos o princípio da obra de Deus: ainda que Deus queira fazer algo, ele não o fará se o homem não quiser que ele o faça. Não podemos forçar Deus a fazer o que ele não deseja, mas podemos impedi-lo de fazer o que ele quer fazer.

No céu a questão é decidida por Deus, mas diante dos homens é decidida por Moisés; no céu, Deus quer que os filhos de Israel vençam, porém isso só acontecerá se Moisés mantiver suas mãos erguidas. A terra governa o céu.

"Assim diz o Senhor Deus: Uma vez mais ouvirei o pedido da casa de Israel e farei isto por eles: multiplicar-lhes-ei os homens como rebanho." (Ezequiel 36.37). Deus tem um propósito: aumentar o número da casa de Israel como um rebanho. Aqueles que não conhecem Deus poderão dizer: "Se Deus quer expandir a casa de Israel, por que ele simplesmente não a aumenta, afinal, quem pode lhe resistir?". Mas Deus diz que só agirá se Israel pedir que ele aja. O princípio é inconfundível: Deus tem um propósito já determinado, mas não o cumprirá até que a casa de Israel peça. Ele quer que a terra governe o céu.

"Assim diz o Senhor, o Santo de Israel, aquele que o formou: Perguntai-me as coisas futuras; demandai-me acerca de meus filhos e acerca das obras das minhas mãos" (Isaías 45.11, *ARC*). Essa é uma afirmação surpreendente. Ficamos perplexos! A respeito de seus filhos e de sua obra, Deus diz: "demandai-me". As pessoas não ousam proferir essa expressão, pois como pode o homem mandar em Deus? Os que o conhecem sabem que nenhuma palavra presunçosa deveria jamais ser dita em sua presença. Contudo, ele próprio oferece-nos esta palavra: "[...] demandai-me acerca de meus filhos e acerca da obra das minhas mãos". Isso não é outra coisa senão a terra governando o céu.

Ora, isso obviamente não implica, de modo algum, que podemos forçar Deus a fazer o que ele *não* quer. Simplesmente significa que podemos reivindicar que faça o que ele *deseja* fazer. E esse é o fundamento sobre o qual permanecemos. Por conhecermos a vontade de Deus é que podemos lhe dizer: "Deus, queremos que faça isto, estamos decididos e queremos que o Senhor faça; não tens outra alternativa senão fazê-lo". E assim teremos a oração forte e poderosa. Como precisamos pedir que Deus abra nossos olhos para vermos como sua obra é realizada nesta dispensação! Pois, no presente, todos as obras de Deus são feitas neste mesmo fundamento: o céu quer fazer, mas o céu não atuará imediatamente; ele espera que a terra o peça primeiro, para depois agir. Embora a terra esteja em segundo lugar, é também primeira. O céu irá mover-se somente depois do mover na terra, pois Deus quer que a terra governe o céu.

Vontade harmoniosa

Alguém poderia perguntar: por que Deus deseja que a terra governe o céu? Para entendermos esse desejo divino, devemos relembrar-nos de que nosso Deus é restringido no tempo (Por tempo, queremos dizer o período entre as duas eternidades. Entre a eternidade passada e a futura há o que chamamos tempo). Deus não é livre para fazer o que quer. Essa é a restrição que ele sofre por ter criado o homem. De acordo com o registro em Gênesis 2, Deus, ao criar o homem, deu-lhe o livre-arbítrio. Deus tem vontade própria, mas o homem também tem.

Quando a vontade do homem não está em harmonia com a vontade de Deus, Deus está sendo imediatamente restringido. Suponha, por exemplo, que você esteja sozinho numa sala contendo mesa, cadeiras, assoalho e forro. Você não será restringido por esses objetos. Eles simplesmente não o podem limitar.

Ora, Deus é Deus de poder; pode fazer qualquer coisa. Fosse a terra somente cheia com coisas desprovidas de espírito, Deus não seria restringido em nada. Um dia, entretanto, ele cria o homem. Essa criatura é diferente de uma pedra ou de uma lasca de madeira; o homem não é como uma mesa ou uma cadeira, incapazes de resistir à capacidade de Deus de deixá-las paradas ou movê-las à sua vontade. O homem a quem Deus criou possui o livre-arbítrio. Ele pode decidir se ouvirá ou não a Deus, pois Deus não criou um homem que *tenha* obrigatoriamente de ouvi-lo.

Depois de ter criado o homem com esse livre-arbítrio, o poder de Deus é, por isso mesmo, restringido por esse homem. Deus não pode fazer automaticamente o que quer, mas, em vez disso, precisa perguntar ao homem se ele próprio também está disposto. Deus não pode tratar o homem como se fosse madeira, pedra, mesa ou cadeira — simplesmente porque o homem tem vontade livre. Desde o dia em que Deus criou o homem e até o presente, o livre-arbítrio humano poderá permitir ou impedir a realização da autoridade de Deus. Por esta razão, portanto, podemos dizer que durante este período chamado tempo, entre as duas eternidades, a autoridade de Deus é restringida pelo homem.

Por que motivo Deus deve ser restringido no tempo? Porque na segunda eternidade — a eternidade por vir — ele terá uma vontade harmoniosa, isto é, o livre-arbítrio do homem e a vontade de Deus entrarão em acordo. Essa é a glória de Deus. Se você colocar um livro sobre a mesa, ele ficará lá. Se você o colocar na estante, ficará lá também. O livro é muito obediente a você. Contudo, você não ficará satisfeito com tal obediência, uma vez que o livro é totalmente passivo, faltando-lhe o elemento do livre-arbítrio. Da mesma maneira, Deus não tem nenhum prazer em ver o homem, que ele criou, manobrado passivamente, como se fosse um livro. Sim, ele deseja que o homem lhe obedeça completamente; dá, porém, ao homem o livre-arbítrio. Seu desejo é que o homem exercite o livre-arbítrio para escolher obedecer. E essa é a glória de Deus!

Na eternidade futura, o livre-arbítrio se tornará um com a vontade eterna de Deus. E quando o eterno propósito de Deus for realizado, o livre-arbítrio estará em perfeita harmonia com a vontade eterna de Deus. Na vida de cada ser humano, um livre-arbítrio, e cada livre-arbítrio desejando a vontade de Deus. Na eternidade futura o homem ainda terá liberdade de escolha. Contudo, ele estará do lado de Deus. O homem poderá opor-se a Deus, todavia não o desejará. Terá a liberdade de opor-se a Deus, porém não o desejará. Aleluia! O que o homem fizer será o que Deus deseja fazer. Ora, tal vontade harmoniosa é verdadeiramente a glória de Deus!

Na eternidade por vir, a vontade do homem ainda será livre. Sua vontade, porém, estará em acordo com a vontade de Deus. Não haverá vontade que não esteja sujeita à autoridade divina. No tempo, porém, a vontade de Deus é restringida pela vontade do homem e opõe-se a ela. O que Deus quer fazer, o homem não faz; se Deus quer fazer muito, o homem quer fazer pouco; se Deus quer realizar coisas grandes, o homem deseja realizar coisas insignificantes; ou pode ser o contrário. Então Deus não é livre! No tempo, a ação de Deus é governada pelo homem, ou seja, pela Igreja. Durante o período chamado tempo, toda ação de Deus é governada pela Igreja, porque ela representa o homem da eternidade futura. Hoje, ela está na terra para realizar a vontade de Deus. Se a Igreja puder cumprir a vontade de Deus, ele não será restringido. Mas se ela falhar, Deus ficará restringido, pois tudo que Deus quer fazer, deseja efetuá-lo por intermédio da Igreja. A Igreja toma, desde já, a posição que o homem da eternidade terá. Na eternidade por vir, embora a vontade do homem ainda seja livre, permanecerá em concordância com a eterna vontade de Deus.

A Igreja hoje se firma nessa posição do futuro. Assim como Deus poderá, na eternidade, manifestar-se mediante a Nova Jerusalém — a esposa do Cordeiro — ele é capaz agora de manifestar-se por meio do corpo de Cristo. Embora a Igreja possua livre-arbítrio, ela o coloca em completa sujeição à autoridade de Deus, como se à parte da vontade dele não existisse outra forma de liberdade de escolha.

Tudo o que Deus quiser fazer, será feito. Se a Igreja atual colocar sua vontade completamente submissa à vontade de Deus, ele poderá agir como se já estivesse na eternidade futura, uma vez que não há uma segunda vontade no Universo para opor-se a ele. Essa é a glória de Deus.

Assim, podemos ver a posição na qual a Igreja permanece diante de Deus. Não releguemos a Igreja a uma posição em que seja considerada apenas uma reunião. Não. A Igreja é um grupo de pessoas redimidas pelo precioso sangue de Cristo Jesus, regeneradas pelo Espírito Santo, que se colocou nas mãos de Deus, aceitando e fazendo alegremente a sua vontade, permanecendo na terra do lado dele, para manter seu testemunho.

Precisamos reconhecer que a operação de Deus hoje se processa ao longo de uma linha bem definida; está em acordo com uma lei específica: por amor do livre-arbítrio sobre a terra, Deus se recusa a usar sua vontade para sobrepujar o homem. Não fiquemos surpresos com isso. Deus está no céu, contudo todos os seus movimentos na terra precisam ser primeiramente decididos e aprovados pela vontade humana. Deus não quer ignorar a vontade do homem, nem a retirará ou agirá independentemente dela. Em todos os assuntos relacionados com ele, Deus não operará até que obtenha a cooperação da vontade terrena. Porque a terra o quer, Deus então o fará; porque a terra decidiu, Deus então agirá. Ele precisa que a vontade do homem esteja em harmonia com a sua vontade. Essa é a maior glória de Deus.

Três princípios essenciais

Já mencionamos como Deus tem sua vontade a respeito de todas as coisas, mas ele nada quer fazer independentemente. Agirá somente depois que a livre vontade terrena responder à sua vontade. Houvesse somente a vontade do céu, Deus não faria nenhum movimento; o movimento celestial será realizado na terra somente quando Deus estiver certo de que existe a mesma vontade sobre a terra. Isso é o que hoje chamamos de ministério da Igreja. Os crentes precisam conscientizar-se de que o ministério da Igreja não consiste meramente na pregação do Evangelho — certamente isso está incluído, não haja engano a respeito disso —, mas também o ministério da Igreja inclui trazer à terra a vontade que está nos céus. Mas, como é que a Igreja faz isso? Orando. A oração não é uma coisa pequena, insignificante, não essencial, como alguns têm a tendência de pensar. Oração é trabalho. A Igreja diz: "Deus, queremos tua vontade". Isso é o que chamamos de oração. Depois que a Igreja conhece a vontade de Deus, abre a boca para pedi-la. Isso é oração. Se a Igreja não tem esse ministério, ela não serve para muita coisa na Terra.

Muitas orações devocionais, orações de comunhão e orações intercessoras não podem substituir a oração como ministério ou trabalho. Se todas as nossas orações são simplesmente devocionais ou consistem meramente em comunhão e pedidos, compreendemos apenas uma parcela muito pequena do que é oração. A oração como trabalho ou ministério significa que permanecemos do lado de Deus, desejando o que ele deseja. Orar de acordo com a vontade de Deus é algo muito poderoso. Para a Igreja, orar significa descobrir a vontade de Deus e declará-la. Orar não é só pedir a Deus, é também fazer uma declaração. Enquanto a Igreja ora, permanece do lado de Deus e declara que aquilo que o homem quer é o que Deus deseja. Se a Igreja assim fizer, a declaração terá efeito imediato.

Examinemos agora os três princípios essenciais da oração apresentados em Mateus 18.18-20.

1. Declarando a vontade de Deus

"Em verdade vos digo que tudo o que ligardes na terra, será ligado no céu; e tudo o que desligardes na terra, será desligado no céu." (v. 18). A quem se refere o texto? À Igreja. Essas palavras são a continuação do versículo 17. Portanto, o significado do versículo 18 é: tudo o que a Igreja ligar na terra será ligado no céu, e tudo o que a Igreja desligar na terra será desligado no céu.

Encontramos aqui um princípio de suma importância: hoje Deus opera mediante a Igreja; ele não pode fazer nada do que deseja, a menos que o realize por meio da Igreja. Esse é um princípio bastante sério. Hoje Deus não pode fazer as coisas apenas por si mesmo, porque existe outro livre-arbítrio, sem cuja cooperação Deus não pode fazer nada. A medida do poder da Igreja hoje determina a medida da manifestação do poder de Deus, pois seu poder é agora revelado através da Igreja. Deus colocou-se na Igreja. Se ela puder chegar a uma alta e grande posição, a manifestação do poder de Deus também chegará a uma alta e grande posição. Se a Igreja for incapaz de alcançar tal posição, então Deus também não poderá manifestar seu poder em altura e grandeza.

Este assunto todo pode ser comparado ao fluxo da água em nossa casa. Embora a caixa d'água esteja cheia, seu fluxo é limitado pelo diâmetro das torneiras. Se uma pessoa deseja ter um fluxo maior de água, precisará alargar a bitola de sua torneira. Assim também é com a Igreja hoje. Ela é quem determina o quanto quer da manifestação do poder de Deus. Assim como em tempos passados, quando Deus se manifestou em Cristo, sua manifestação foi tão grande quanto a capacidade de Cristo, agora, a manifestação de Deus na Igreja é igualmente circunscrita à sua capacidade. Quanto maior a capacidade da Igreja, tanto maior a manifestação de Deus e tão mais completo o seu conhecimento.

Precisamos observar que, para todas as operações de Deus na terra hoje, é necessário primeiro que a Igreja esteja do seu lado e, então, ele faz sua obra por intermédio dela. Deus nada fará independentemente; o que ele faz hoje, faz em cooperação com a Igreja. Ela é o instrumento por meio do qual Deus se manifesta.

Permita-me repetir que a Igreja é como uma torneira. Se a torneira é pequena, o fluxo de água será igualmente pequeno, ainda que a fonte seja tão abundante quanto o rio Amazonas. Deus, no céu, tem o propósito de fazer algo, mas não o fará até que haja movimento na terra. São tantas as coisas que Deus quer ligar e desligar no céu! Muitas são as pessoas e coisas que o contradizem; Deus espera que todas elas sejam amarradas. Muitas também são as pessoas e coisas espirituais, valiosas, proveitosas, santificadas e divinas que ele deseja que sejam desatadas. Mas, justamente aqui se levanta um problema: Haverá homem na terra que queira agir primeiro, atando o que Deus deseja atar, e desatando o que ele tenciona desatar? Deus quer que a terra governe o céu; deseja que sua Igreja dirija o céu.

Isso não quer dizer que Deus não seja todo-poderoso, porque, de fato, ele é. Todavia, o poder de Deus precisa de um canal para manifestar-se. O homem não pode fazer aumentar o poder de Deus; pode, contudo, obstruí-lo. Não pode aumentá-lo, mas pode impedi-lo. Não podemos pedir que Deus faça aquilo que ele não quer fazer; podemos, porém, restringi-lo de fazer o que ele deseja fazer. Estamos, de fato, conscientes disso? A Igreja tem o poder de gerenciar o poder de Deus. Ela pode permitir ou não que Deus faça o que deseja.

Nossos olhos precisam vislumbrar o futuro. Um dia, Deus estenderá a Igreja para que seja a Nova Jerusalém e, naquele dia, sua glória será completa e desimpedidamente manifestada através da Igreja. Hoje Deus deseja que a Igreja ate ou desate na terra antes de ele atar ou desatar no céu. O céu não começará a fazer as coisas. O céu apenas seguirá a terra em sua obra. Deus não começará primeiro; ele, em sua operação, somente segue a Igreja. Se esse é o caso, que tremenda responsabilidade tem a Igreja!

Como indicamos anteriormente, o que Mateus 18.15-17 relata é apenas um caso particular; o que se segue, entretanto, constitui um grande princípio.

A situação é que um irmão pecou contra outro; não reconhece, porém, que pecou, nem confessa sua falta. Ao recusar ouvir a Igreja, será considerado como um gentio e cobrador de impostos. Ora, o irmão que pecou provavelmente retrucará: "Quem são vocês? Se vocês (a Igreja) me considerarem como gentio e cobrador de impostos, não mais irei às reuniões. Se não puder ir às suas reuniões, haverá outras reuniões que poderei frequentar."

Mas, note aqui o que o Senhor Jesus diz: "Em verdade vos digo que tudo o que ligardes na terra, será ligado no céu; e tudo o que desligardes na terra, será desligado no céu". Portanto, quando a Igreja julga alguém como gentio, Deus no céu o julga da mesma forma. Quando a Igreja considera um irmão ofensor como cobrador de impostos, Deus, no céu, também o considera assim. Em outras palavras, o que a Igreja fizer na terra, Deus fará no céu.

Temos aqui, portanto, tanto um caso particular como um princípio que o governa. Nosso Senhor está meramente citando o caso para provar o princípio geral de que tudo o que a Igreja faz na terra, Deus o faz igualmente no céu. Esse princípio é aplicável não somente a esse caso específico, mas também a muitos outros. O incidente aqui apresentado serve apenas de exemplo.

A Igreja é o vaso escolhido de Deus no qual ele deposita a sua vontade, de modo que a Igreja possa declará-la na terra. Se a terra quer, o céu também quer. Se a Igreja deseja, Deus também deseja. Por essa razão, se Deus encontrar dificuldade na Igreja, o que pretende realizar no céu não será realizado na terra.

Muitos cristãos carregam pesados fardos desde o amanhecer até o anoitecer. Estão sobrecarregados porque não oram. Quando uma torneira é aberta, a água corre; mas é impossível sair água de uma torneira fechada. Agora pense por um momento. O que é maior, a pressão gerada em soltar a água ou em retê-la? Todos sabemos que, quando a água é liberada, a pressão diminui, ao passo que, ao ser bloqueada, a pressão aumenta. Da mesma forma, quando a Igreja ora, é como abrir a torneira; quanto mais tempo está aberta, menor se torna a pressão. Pela mesma razão, se a Igreja não ora, é como obstruir a torneira; a pressão aumentará gradativamente. Sempre que Deus deseja fazer alguma coisa, coloca um fardo sobre um irmão, uma irmã, ou sobre toda a Igreja. Quanto mais a Igreja orar cumprindo seu ministério, mais leve se tornará seu fardo. Cada oração aliviará um pouco o seu fardo. Depois de orar dez ou vinte vezes, seu fardo interior será grandemente diminuído. Mas se a Igreja falhar em orar, sentirá um grande peso e será sufocada.

Assim, sempre que nos sentirmos com um peso sobre os ombros e sufocados internamente, fique bem claro que o motivo não é outro senão que não estamos cumprindo nosso ministério diante de Deus. Se o fardo dele está sobre nós, oremos por meia hora ou uma hora e encontraremos alívio de novo, porque a pressão foi grandemente diminuída.

Qual é, então, o ministério de oração da Igreja? É Deus dizendo à Igreja o que ele deseja fazer, de modo que a Igreja possa orar na terra, expressando a vontade dele. Essa oração não é para pedir que Deus faça o que *nós* queremos, mas o que *ele* deseja fazer. Que tomemos consciência de que a Igreja deve declarar na terra a vontade de Deus no céu. A Igreja precisa declarar na terra que deseja a vontade de Deus. Se falhar nisso, será de pouca serventia para Deus. Ainda que aja bem em outros ministérios, será de pouca utilidade para Deus, se for deficiente nesse.

O mais alto propósito da Igreja é permitir que a vontade de Deus seja feita na terra.

2. Harmonia no Espírito Santo

Vimos como a Igreja deve atar o que Deus deseja atar e desatar o que Deus deseja desatar. Como, porém, a Igreja deve realmente fazer isso? "Em verdade também vos digo que, se dois dentre vós, sobre a terra, concordarem a respeito de qualquer coisa que, porventura, pedirem, ser-lhes-á concedida por meu Pai, que está nos céus" (v. 19 *ARA*). O versículo 18 de Mateus 18 dá ênfase à terra e ao céu, assim como o versículo 19. O versículo 18 fala do céu ligando ou desligando tudo que a terra liga ou desliga, e o 19 diz a mesma coisa, afirmando que o Pai celeste concederá tudo o que a terra pedir. Por favor, observem que o que o Senhor Jesus enfatiza aqui não é simplesmente um acordo no pedir qualquer coisa; é, antes, unanimidade na Terra a respeito de *tudo* o que os crentes pedirão. Ele não quer dizer que primeiro duas pessoas têm de concordar na terra a respeito de alguma coisa e então pedi-la; não, o Senhor Jesus está dizendo que se vocês concordarem em tudo (harmonia no Espírito Santo), então qualquer ponto *particular* que lhe pedirem será concedido pelo Pai que está nos céus. Esta é a unidade do corpo, ou melhor, a unidade no Espírito Santo.

Se Deus não lidar com a carne do indivíduo, ele se considerará um super-homem, uma vez que, a seus próprios olhos, o céu deve dar-lhe ouvidos. Não, se você não está na unidade do Espírito Santo, nem está orando na harmonia do Espírito Santo, não imagine que o céu o ouvirá em algo! Você pode orar, mas o céu não ligará o que você ligar, nem desligará o que você desligar, pois isso não é algo que você possa fazer por si mesmo. Se você pensa que *pode* fazer isso sozinho, está alimentando um engano, porque o que o Senhor declara é: "[...] se dois dentre vós, sobre a terra, concordarem a respeito de qualquer coisa que, porventura, pedirem, ser-lhes-á concedida por meu Pai, que está nos céus". Isso significa que, estando dois em harmonia a respeito de todo e qualquer assunto — sendo tão harmoniosos como a música — então, qualquer coisa que pedirem ser-lhes-á concedida pelo Pai celestial. Para fazer tal oração é preciso que as pessoas que oram estejam sob a influência do Espírito Santo. Isso significa que sou levado por Deus a um ponto em que nego todos os meus desejos e quero somente o que o Senhor quer; um outro irmão, da mesma forma, é levado pelo Espírito Santo ao ponto de negar todos os seus desejos e querer somente a vontade do Senhor. Ele e eu somos levados a um ponto em que há harmonia tal como a que existe na música. Então, tudo o que pedirmos, Deus o fará no céu por nós.

Não alimentemos a fantasia de que simplesmente concordando a respeito de determinado pedido de oração (sem uma harmonia anterior no Espírito Santo), essa oração será atendida. Não é assim. Pessoas com ideias semelhantes muitas vezes entram em muitos conflitos. Meramente ter o mesmo objetivo não garante ausência de discórdia. Duas pessoas podem desejar pregar o Evangelho e ainda assim brigarem entre si. Duas pessoas podem desejar, de todo o coração, ajudar aos outros; porém, podem voltar-se um contra o outro. Identidade de propósito não significa necessariamente harmonia. Devemos estar cônscios de que não há possibilidade de harmonia na carne. Somente quando nossa vida natural é trabalhada pelo Senhor e começamos a viver no Espírito Santo — eu vivendo em Cristo, e você também vivendo em Cristo — teremos harmonia; então sempre estaremos capacitados a orar de pleno acordo a respeito de determinado assunto.

Aqui, pois, estão dois lados de uma mesma moeda: o primeiro é estar em harmonia a respeito de tudo; a segunda é orar a respeito de tudo. Necessitamos ser levados por Deus a esse ponto. À parte do corpo de Cristo, não há lugar onde se possa encontrar harmonia cristã. A harmonia encontra-se somente na Igreja de Cristo. Somente aí há ausência de lutas, somente aí existe harmonia. Se nossa vida natural é trabalhada pelo Senhor, e se somos levados a reconhecer a realidade do corpo de Cristo, então estamos em harmonia e nossas orações também estarão em harmonia. Fundados na harmonia, também concordamos a respeito de qualquer assunto particular. Uma vez que o que vemos é harmonioso, estamos qualificados para ser porta-vozes da vontade de Deus. Ao orar por determinado assunto, se houver opiniões divergentes, tenham cuidado para não errar. Somente quando toda a Igreja se reúne e concorda a respeito de determinado assunto, descobriremos que é vontade do céu realizá-lo. Por esse motivo, portanto, confiemos na Igreja.

Tenha em mente que a oração não é a primeira coisa a ser feita. A oração apenas segue os passos da harmonia. Se a Igreja deseja ter tal ministério de oração sobre a terra, todo irmão e irmã precisa aprender a negar a vida da carne diante do Senhor; doutra forma a Igreja não será eficaz. A palavra que o Senhor Jesus nos dá aqui é maravilhosíssima. Ele não diz que se a pessoa pedir alguma coisa em seu nome, o Pai a ouvirá, nem diz o Senhor que orará para que o Pai responda. Ao invés disso, declara: "[...] se dois dentre vós, sobre a terra, concordarem a respeito de qualquer coisa que, porventura, pedirem, ser-lhes-á concedida por meu Pai, que está nos céus". Oh, se realmente concordarmos, as portas do céu se abrirão!

Aqui está um irmão que peca contra outro. Antes que a Igreja comece a lidar com ele, o irmão ofendido vai com um ou dois irmãos a fim de levá-lo ao arrependimento. Esses dois irmãos vão conversar com o irmão ofensor antes mesmo de a Igreja começar a tratar do seu assunto. Contudo, não é que esses dois irmãos discordem da Igreja, eles apenas veem o assunto antes da Igreja, pois subsequentemente a Igreja examina a situação exatamente do mesmo modo. Em outras palavras, esses dois irmãos têm o mesmo fundamento da Igreja. O que o Senhor quer dizer é que os dois representam a Igreja na terra. O que a Igreja vê está em perfeita concordância com o que aqueles dois irmãos veem. Esse é o ministério de oração. Precisam concordar em tudo, seja o que for, e precisam orar de comum acordo a respeito desse assunto particular.

O ministério de oração da Igreja consiste em orar na terra de modo a causar ação no céu. Precisamos lembrar-nos de que a oração, tal como apresentada em Mateus 18, definitivamente não faz parte da oração devocional ou da oração pessoal privada. Muitas vezes temos necessidades pessoais as quais levamos a Deus, e ele nos responde. Há, na verdade, lugar para a oração pessoal. Da mesma forma, seguidamente sentimos a proximidade de Deus. Graças a Deus, ele ouve as orações devocionais. Elas também não podem ser desprezadas. Vamos até ao ponto de reconhecer que, se a oração de um irmão ou irmã ficar sem resposta, ou se alguém não sentir a proximidade de Deus, algo está errado. Temos de dar atenção à oração pessoal, bem como à oração devocional. Os crentes novos, em particular, não poderão correr a carreira que lhes está proposta se forem deficientes nas orações pessoal e devocional.

Mesmo assim, precisamos compreender que a oração não é apenas para uso pessoal, nem somente para propósitos devocionais. A oração é um ministério, a oração é uma obra. Essa oração sobre a terra é ministério da Igreja, bem como seu trabalho. É responsabilidade da Igreja diante de Deus, pois a oração é o escoadouro do céu. Qual é a oração da Igreja?

Deus deseja fazer certa coisa e a Igreja sobre a terra ora a esse respeito na expectativa de que isso se realize para que se cumpra o propósito de Deus.

O ministério da Igreja é o ministério do corpo de Cristo, e esse ministério é a oração. Tal oração não é feita nem com objetivos devocionais, nem por necessidades pessoais; é mais para o "céu". Agora, o que essa oração — o tipo de oração que temos à nossa frente — significa é: Eis um homem que perdeu a comunhão devido à sua recusa em ouvir a persuasão de um irmão, ou a advertência de dois ou três outros irmãos, e, finalmente, o julgamento da Igreja. Deus, portanto, desatará um julgamento sobre ele para que seja considerado como um gentio e cobrador de impostos; contudo, Deus não agirá imediatamente, mas esperará até que a Igreja ore para esse fim e, então, fará no céu. Se a Igreja tomar a responsabilidade de fazer tal oração sobre a terra chegará a ocasião em que a vida espiritual do ofensor secará, como se já não tivesse parte com Deus. Deus quer tomar tal atitude, mas espera que a Igreja ore.

Muitos assuntos estão amontoados no céu, muitas transações permanecem sem efeito, simplesmente porque Deus não consegue encontrar seu escoadouro na terra. Quem sabe quantos assuntos pendentes existem no céu que Deus não pode colocar em prática porque a Igreja não tem exercitado sua liberdade de escolha para estar ao lado dele na realização do seu propósito! Entendamos, definitivamente, que a tarefa mais nobre da Igreja, a maior que ela poderia executar, é a de ser o escoadouro de Deus na terra. Para a Igreja ser o escoadouro da vontade de Deus, deve orar. Não oração fragmentária, mas um ministério de oração — oração como obra. À medida que Deus dá visão e abre os olhos das pessoas para verem sua vontade, elas se levantam para orar.

O Senhor mostra-nos aqui que a oração individual é inadequada; são necessários pelo menos dois para orar. Se não percebermos isso, não saberemos a respeito de quê o Senhor está falando. As orações apresentadas no evangelho de João são todas pessoais. Daí encontrarmos palavra como esta: "[...] tudo quanto pedirdes ao Pai em meu nome, ele vo-lo conceda" (João 15.16 *ARA*). Nesse texto não há condição estabelecida quanto ao número de pessoas. Em Mateus 18, porém, é dada uma condição numérica: pelo menos dois. "Pois onde estiverem dois ou três reunidos em meu nome [...]", diz o Senhor. Aqui são necessários pelo menos dois porque o assunto refere-se à comunhão. Não é algo feito por uma pessoa, nem é uma só pessoa que serve como escoadouro de Deus, mas sim, duas.

O princípio de duas pessoas é o princípio da Igreja, que também é o princípio do corpo de Cristo. Embora tal oração seja feita por duas pessoas, a "concordância" é indispensável. Concordar é estar em harmonia. Esses dois indivíduos precisam estar em harmonia, precisam permanecer no fundamento do corpo e precisam saber o que é a vida do corpo. Esses dois não têm senão um alvo, que é dizer a Deus: Queremos que tua vontade seja feita na terra, como no céu. Quando a Igreja permanece em tal base e ora de acordo com ela, vemos que tudo o que pedimos é concedido pelo Pai que está no céu.

Quando verdadeiramente permanecemos sobre o fundamento da Igreja e aceitamos a responsabilidade do ministério da oração, a vontade de Deus é feita na Igreja em que estamos. Se assim não for, nossa Igreja será inútil. Tal oração, feita por poucos ou por muitos, terá poder, pois o grau da operação de Deus hoje é governado pelo grau de oração da Igreja. A manifestação do poder de Deus não excederá à oração da Igreja. Hoje, a grandeza do poder de Deus está circunscrita pela oração da Igreja. O que não significa, naturalmente, que o poder de Deus no céu seja do tamanho da nossa oração, pois, no céu, obviamente, seu poder é ilimitado. Somente na terra, neste tempo, é que a manifestação do seu poder depende de quanto a Igreja ora. Somente pela oração da Igreja pode-se medir a manifestação do poder de Deus.

Em vista disso, a Igreja deve orar sem cessar. Como pode a Igreja orar tão pouco quando comparece diante do Deus abundante? Ela não pode fazer pedidos mesquinhos diante de um Deus tão grande. Vir à presença do grande Deus é esperar que grandes coisas aconteçam (Isaías 33.3). Se a capacidade de oração da Igreja for limitada, ela somente pode restringir a manifestação do poder de Deus. Reconheçamos que o assunto dos vencedores ainda não foi completamente resolvido e Satanás ainda não foi lançado no fundo do abismo. Por amor do seu testemunho, portanto, Deus precisa de um vaso através do qual possa realizar todas as suas obras. E necessário que a Igreja ore insistentemente, sem esmorecer, a fim de manifestar Deus. E esse é o ministério da Igreja.

Imaginemos se Deus, visitando nossas reuniões de oração, pode confirmar que nossas Igrejas realmente cumprem o ministério de oração entregue a elas. Precisamos ver que não é questão de frequência; é, antes, questão de peso. Se realmente vemos a responsabilidade de oração da Igreja, não podemos deixar de confessar quão inadequada é a nossa oração e como temos restringido e impedido Deus de realizar o que ele deseja. A Igreja tem falhado em seu ministério! Que situação lamentável!

O fato de Deus ter uma Igreja fiel ao seu ministério ou não depende da atuação do grupo de pessoas na presença dele, desqualificando-se ou tornando-se verdadeiros vasos na realização do seu propósito. Queremos assinalar que o que Deus procura é a fidelidade da Igreja ao seu ministério. O ministério de oração da Igreja não é algo comum ou que consiste de pequenas orações, mas do tipo que prepara o caminho de Deus. A iniciativa de fazer algo é primeiramente de Deus, mas a Igreja prepara o caminho com oração de modo que ele possa ter uma estrada por onde passar. A Igreja deveria ter orações grandes, orações tremendas e fortes. A oração não é assunto sem importância diante de Deus. Se a oração for sempre centralizada no eu, em problemas pessoais e em pequenos ganhos ou perdas, onde estará o meio pelo qual manifesta-se o eterno propósito de Deus? Precisamos ser empurrados às profundezas neste assunto da oração.

"Dois concordarem" não é uma palavra superficial ou uma expressão leviana. Se não sabemos o que é o corpo de Cristo, nem permanecemos nesse fundamento, embora consigamos reunir 200 pessoas para orar, seremos ineficazes. Mas de fato, se posicionamos nós mesmos como corpo de Cristo — negando nossa carne e não pedindo por nós mesmos, mas rogando que a vontade de Deus seja feita na terra — veremos quão harmoniosa é a oração. Desse modo, aquilo por que oramos na terra será concedido pelo Pai que está no céu.

Note que no versículo 18 há uma palavra muito preciosa: "tudo"; e no versículo 19 há também uma expressão igualmente preciosa: "qualquer coisa". "[...] tudo o que ligardes na terra, será ligado no céu, e tudo o que desligardes na terra será desligado no céu". O Senhor mostra que na medida em que a terra ligar, o céu também ligará; e na medida em que a terra desligar, o céu também desligará. A medida da terra decide a medida do céu. Não deve haver medo de ter uma medida demasiadamente grande na terra, porque a medida no céu é sempre infinitamente maior do que a da terra e, portanto, não existe nenhuma chance de a medida terrena ultrapassar a celestial. O que o céu quer ligar invariavelmente é muito mais do que a terra deseja atar, e o que o céu deseja desligar sempre excede ao que a terra quer desatar. Tal ação de ligar e desligar está além da capacidade de qualquer pessoa. Só pode ser feita "se dois [...] concordarem na terra acerca de qualquer coisa que pedirem" e, então, "ser-lhes-á concedida por meu Pai, que está nos céus".

O poder de Deus é, para sempre, maior que o nosso. A água do reservatório da companhia indiscutivelmente tem mais volume do que o que sai de nossas torneiras. A água no poço é sempre mais abundante do que a água em nosso balde. O poder celeste jamais poderá ser medido pela visão terrestre.

3. Estiverem reunidos

"Pois onde estiverem dois ou três reunidos em meu nome, ali estou eu no meio deles" (v. 20). No versículo 18, temos um princípio; no versículo 19, outro. No versículo 20 temos o terceiro princípio, e o mais profundo deles também. O princípio apresentado no versículo 20 é mais amplo que o do versículo 19. Por que o versículo 19 declara que "se dois de vós concordarem na terra acerca de qualquer coisa que pedirem, ser-lhe-á concedida por meu Pai, que está nos céus"? "Pois onde estiverem dois ou três reunidos em meu nome, ali estou eu no meio deles.", responde o versículo 20. Por que há tanto poder na terra? Por que orar em harmonia tem um efeito tão tremendo? O que dá à oração feita por duas ou três pessoas, em harmonia, tanto poder? Porque sempre que somos chamados a nos reunir em nome do Senhor, a presença dele está ali. É esse o motivo da unanimidade. O versículo 18 fala da relação entre a terra e o céu; o versículo 19, da harmonia na terra; o versículo 20, do motivo de tal harmonia.

Conscientizemo-nos de que somos *chamados* para reunir-nos. Não nos juntamos por nós mesmos. Reunir-nos por nós mesmos e sermos chamados para reunir-nos são duas coisas completamente diferentes. Somos chamados pelo Senhor para reunir-nos. Não nos reunimos por vontade ou iniciativa próprias; antes, o Senhor nos chamou. Muitos vêm a uma reunião com a atitude de observadores ou espectadores e, portanto, nada obtêm. Se alguém vem para uma reunião porque o Senhor lhe falou, terá um sentimento de perda, se não vier. As pessoas que são assim chamadas pelo Senhor para se reunirem são unidas no nome do Senhor. Vêm por amor ao nome do Senhor. Tais cristãos podem dizer onde quer que venham a se juntar: "Estamos aqui não por nós mesmos, mas pelo nome do Senhor, porque amamos glorificá-lo".

Quando cristãos estão reunidos no nome do Senhor aí há concordância, aí há harmonia. Glórias a ele por isso! No caso de virmos a uma reunião por amor de nós mesmos, ali não haverá, obviamente, nenhuma harmonia. Mas, se estivermos dispostos a querer aquilo que o Senhor quer e não o que nós queremos, e, se rejeitarmos o que ele rejeita, então haverá concordância. Por isso os filhos de Deus estão sendo chamados pelo Senhor para estarem juntos. São reunidos no seu nome, portanto, diz o Senhor: "[...] ali estou eu no meio deles". É o Senhor quem dirige tudo. Uma vez que ele está presente, dirigindo, iluminando, falando e revelando, então, tudo o que for ligado na terra será também ligado no céu, e tudo o que for desligado na terra será desligado no céu. Isso acontece porque o Senhor opera em conjunto com sua Igreja.

Consequentemente precisamos aprender a negar-nos a nós mesmos diante do Senhor. Cada vez que ele nos chama para nos reunirmos, deveríamos voltar-nos para o seu nome; nome que é maior que todos os nomes. Toda idolatria precisa ser destruída. Assim, ele nos conduzirá.

Isso não é sentimento nem teoria, mas fato. Se a Igreja está em sintonia com o Senhor, ao final de cada reunião, saberá se ele esteve presente. Durante tal tempo, pode ligar ou desligar. Quando o Senhor está presente, a Igreja é enriquecida e fortalecida. Mas, se o Senhor não está no meio dela, ela nada pode fazer. Somente a Igreja possui tal poder; o indivíduo isoladamente não o possui. O poder da Igreja está no ato de reunir-se.

Que o Senhor nos conceda entendimento mais profundo e maior experiência na oração. A oração não é apenas pessoal ou devocional; precisa ser um trabalho e um ministério. Que o Senhor nos sustente com poder para que sempre que nos reunamos, trabalhemos em oração e cumpramos o ministério de oração da Igreja, a fim de que o Senhor possa fazer tudo o que deseja.

2

Orareis assim

E, quando orares, não sejas como os hipócritas, pois gostam de orar em pé nas sinagogas e nas esquinas das ruas para serem vistos pelos homens. Em verdade vos digo que já receberam a sua recompensa. Mas tu, quando orares, entra no teu aposento, e, fechando a tua porta, ora a teu Pai que está em secreto. E teu Pai, que vê secretamente, te recompensará. E, orando, não useis de vãs repetições, como os gentios, que pensam que por muito falar serão ouvidos. Não vos assemelheis a eles, pois vosso Pai sabe do que necessitais, antes de lho pedirdes. Portanto, vós orareis assim: Pai nosso que estás nos céus, santificado seja o teu nome, venha o teu reino, seja feita a tua vontade, assim na terra como no céu. O pão nosso de cada dia nos dá hoje. Perdoa-nos as nossas dívidas, assim como nós perdoamos aos nossos devedores. Não nos deixes cair em tentação, mas livra-nos do mal. Porque teu é o reino e o poder, e a glória, para sempre. Amém. Pois se perdoardes aos homens as suas ofensas, também vosso Pai celestial vos perdoará a vós. Porém se não perdoardes aos homens as suas ofensas, também vosso Pai celestial não perdoará as vossas. (Mateus 6.5-15).

É comum darmos ênfase ao fato de as orações serem respondidas. Mas, aqui o Senhor Jesus enfatiza a recompensa às orações. Como o sabemos? Porque a palavra "recompensa", no versículo 5, é similar à usada no versículo 2, a respeito das esmolas, e a mesma usada no versículo 16, com referência ao jejum. Se "recompensa" é oração respondida, que sentido tem a palavra em relação a esmolas e jejuns? Analisando o contexto, a recompensa aqui refere-se à que será recebida no tempo do reino. Aqui podemos notar que a oração respondida é de importância secundária, ao passo que a oração recompensada é de importância primária. Se nossa oração estiver de acordo com a mente de Deus, não somente será respondida, mas também será lembrada no futuro, no tribunal de Cristo, para recompensas. Depreende-se que a oração mencionada aqui nos dará retidão bem como uma resposta hoje. Em outras palavras, nossa oração hoje é nossa retidão.

Entretanto, a retidão da oração não é obtida por orar descuidada, fria, habitual e impropriamente. Ao contrário, o Senhor apresenta-nos aqui um modelo de como devemos orar e dois exemplos de atitude na oração que não devemos imitar.

Não como os hipócritas

"E, quando orardes", diz o Senhor, "não sejas como os hipócritas, pois gostam de orar em pé nas sinagogas e nas esquinas das ruas para serem vistos pelos homens". A oração é, primariamente, comunhão com Deus, para a manifestação da glória dele. Mas os hipócritas usam a oração que deveria glorificar a Deus para glorificar a si próprios; consequentemente, gostam de orar nas sinagogas e nas praças. Agem dessa maneira a fim de serem vistos pelos homens, uma vez que as sinagogas e as esquinas são lugares públicos onde as pessoas se reúnem. Não oram para serem ouvidos por Deus; oram para serem vistos pelos homens. Seu propósito é exaltar a si próprios. Tal oração é extremamente superficial. Não pode ser considerada como oração a Deus nem como comunhão com ele. Uma vez que o motivo desse tipo de oração é receber louvor dos homens, não tem nenhum valor para Deus e, portanto, nada obtém dele. Receberam sua recompensa no louvor dos homens, logo não serão lembradas no reino futuro.

Como, então, devemos orar? O Senhor continua: "Mas tu, quando orares, entra no teu aposento, e, fechando a tua porta, ora a teu Pai que está em secreto. E teu Pai, que vê secretamente, te recompensará". A expressão "teu quarto" é simbólica aqui. Assim como "sinagogas" e "esquinas" representam lugares públicos, "teu quarto" representa um lugar escondido, oculto. É possível encontrarmos um lugar secreto mesmo nos cantos das praças e nas sinagogas; nas rodovias e também em um carro. Por quê? Porque o "quarto secreto" é aquele lugar em que temos comunhão com Deus em secreto, qualquer local em que oramos sem atitude exibicionista. "entra no teu aposento, e, fechando a tua porta", significa excluir o mundo e fechar-se em si mesmos. Em outras palavras, temos de anular todas as vozes exteriores e, em quietude, simplesmente orar ao nosso Deus.

"[...] ora a teu Pai que está em secreto. E teu Pai, que vê secretamente, te recompensará [...]" Como são confortadoras essas palavras! Orar ao Pai que está em secreto requer fé. Embora você não sinta nada abertamente, crê que está orando ao seu Pai que está em secreto. Ele *está* em secreto, além do alcance da vista humana, todavia ele está, também, realmente ali. Ele não despreza sua oração, está ali observando. Tudo isso é indicação do quanto ele está atento às suas orações. Ele não está apenas observando, também vai recompensá-lo. Você acredita nisso?

Quando o Senhor diz que "recompensará", ele recompensará *mesmo*. Ele garante que sua oração em secreto não será em vão. Se você realmente ora, ele seguramente o recompensará. Mesmo que pareça não haver nenhuma recompensa hoje, *chegará* o dia em que você será recompensado. Será que sua oração em secreto pode resistir ao exame do Pai que está em secreto? Você crê que o Pai que está em secreto lhe recompensará?

Não como os gentios

O Senhor não apenas nos ensina a não nos exibirmos, mas também nos instrui: "E, orando, não useis de vãs repetições, como os gentios, que pensam que por muito falar serão ouvidos". "Vãs repetições", no grego, significa proferir repetidos sons monótonos, ao modo das rezas. Ao orar, os gentios repetem a mesma palavra monotonamente. Tal oração é mero som, sem nenhum significado. Se você ficar perto deles para ouvir sua oração, perceberá um som monótono, repetitivo, como se estivesse ao pé de uma fonte, ouvindo o rumor contínuo da água contra as rochas, ou ao lado de uma estrada movimentada, ouvindo o rolar sem-fim das rodas sobre a pavimentação. Os gentios entoam as mesmas palavras muitas vezes. Pensam que serão ouvidos por seu muito falar. Contudo, tal oração é vã e ineficaz. Não devemos orar assim.

Por isso, não permitamos que as palavras de nossas orações apresentadas nas reuniões sejam vazias de significado. Quando alguém ora e você não diz "amém", ele poderá acusar você de não estar de acordo. Contudo, se você diz "amém" à sua oração, ele a usará repetidamente. A oração não será governada pela intensidade do coração, mas pelo grau de apoio entusiástico. Essa oração não tem o objetivo de desfazer-se de um fardo íntimo, mas de terminar um discurso. Muitas são as orações feitas pelos homens, muitas são as manifestações que, em muito, excedem ao coração. Repito que tal oração é como o som da água esbatendo-se contra as rochas ou como o rumor sem-fim das rodas sobre a estrada. Tal oração tem som, mas não tem sentido. Não devemos orar assim.

"Não vos assemelheis a eles, pois vosso Pai sabe do que necessitais, antes de lho pedirdes." Esse versículo mostra-nos que o fato de Deus ouvir ou não a nossa oração dependerá de nossa atitude diante dele, bem como de nossa real necessidade. Não depende da quantidade de nossas palavras. Se o que pedimos não é o que necessitamos, nossa oração ficará sem resposta, não importando quanto seja dito. Pedir sem necessitar, revela cobiça; é pedir mal. Deus alegremente suprirá todas as nossas necessidades, mas não deseja gratificar nossos desejos egoístas. Como são tolos alguns dizem que não precisam orar, uma vez que Deus conhece todas as suas necessidades. O propósito da oração não é informar a Deus de suas necessidades, mas expressar nossa confiança, fé, expectativa e o desejo de nosso coração. Eis por que devemos orar. Contudo, em nossa oração o desejo de nosso coração deve exceder as palavras de nossos lábios, e a fé deve ser mais forte que as palavras.

"Portanto, vós orareis assim"

Vejamos agora como o Senhor nos ensina a orar. Esta oração é comumente conhecida como a oração do Senhor. Tal noção é errada. Pois ela não é a oração do próprio Senhor; é a oração que ele nos ensina a orar. Este fato está muito claramente colocado em Lucas 11.1-4. Devemos aprender bem essa oração.

"Portanto, vós orareis assim". Orar assim não significa repetir as mesmas palavras todas as vezes que oramos. Não; não era isso que o Senhor queria dizer. Ele está nos ensinando como orar, não pedindo que repitamos suas palavras.

Desde que o mundo começou, orações têm sido constantemente oferecidas a Deus. Geração após geração, vez após vez, incontáveis povos têm vindo a Deus e orado. É raro orarem corretamente. Muitos pensam naquilo que desejam ter; poucos dão atenção ao que Deus quer. Por isso, o Senhor Jesus nos ensina a orar. Esse tipo de oração possui peso, grandeza e profundidade tremendos. Ora, a menos que não tenhamos nenhuma intenção de aprender, devemos aprender "a orar assim", se é que desejamos realmente aprender a orar. Deus veio à terra para ser Homem, e, pela primeira vez, esse Homem nos diz que apenas esse tipo de oração é eficaz.

O Senhor deseja que oremos ao "Pai nosso que estás nos céus". "Pai", é um novo modo de os homens se dirigirem a Deus. Antes chamavam-no de "Deus todo-poderoso", "Altíssimo Deus", "o Deus eterno", ou "Deus Jeová"; ninguém ousava chamar Deus de "Pai". Aqui, pela primeira vez, Deus é chamado de "Pai". Isso indica claramente que essa oração é oferecida por aqueles que são salvos e têm a vida eterna. Porque são salvos, podem chamar Deus de "Pai". Somente os que são gerados de Deus são seus filhos. Apenas eles podem dirigir-se a Deus como "Pai". Essa é uma oração dirigida a "nosso Pai que está no céu", e, por isso, é oferecida baseada no fato de sermos filhos. Como é doce e confortador vir a Deus e exclamar: "Pai nosso que estás nos céus".

Originalmente, somente o Senhor Jesus pode chamar Deus de "Pai", mas agora o Senhor quer que também o chamemos "Pai nosso". Realmente essa revelação é grande. Não fosse o fato de Deus nos amar de tal modo, a ponto de dar seu Filho unigênito por nós, como poderíamos chegar a chamá-lo "Pai nosso"? Graças a Deus que, pela morte e ressurreição de seu Filho, agora somos filhos de Deus. Recebemos uma nova posição. Por causa disso, nossa oração é feita a nosso Pai que está nos céus. Como isso é íntimo, livre e elevado! Que privilégio! Que o Espírito do Senhor possa dar-nos maior entendimento de Deus como Pai e também a confiança de que nosso Pai é tanto amoroso como paciente. Ele não somente ouve nossa oração, mas proporciona-nos a alegria da oração também.

Essa oração pode ser dividida em três partes: a primeira relaciona-se com as coisas de Deus, a expressão dos três desejos do nosso coração para com Deus (v. 9 e 10) é de natureza fundamental; a segunda relaciona-se com nossos interesses, pedidos de proteção que levamos à presença de Deus (v. 11-13a); a terceira é nossa declaração, constituindo-se em nossos louvores a Deus (v. 13b). Examinemos, agora, cada uma dessas partes separadamente.

Três desejos do coração para com Deus

A parte inicial da oração refere-se aos três profundos desejos de nosso coração para com Deus:

O primeiro desejo é *Santificado seja o teu nome.* Deus tem uma expectativa hoje, que oremos para que seu nome seja honrado. Seu nome é grandemente exaltado entre os anjos; contudo, é impensadamente abusado pelos homens. Quando seu nome é tomado em vão pelos homens, Deus não expressa sua ira com trovões do céu. Ao contrário, oculta-se como se não existisse. Ele nunca faz coisa alguma contra os homens por usarem seu nome em vão da maneira como o fazem. Mas ele deseja que seus próprios filhos orem: "Santificado seja o teu nome". Se amamos e conhecemos Deus desejaremos que seu nome seja honrado.

Ficaremos magoados se as pessoas invocarem seu nome em vão. Nosso desejo crescerá e oraremos mais diligentemente: "Santificado seja o teu nome". Faremos isso até que um dia todos louvem esse nome, e ninguém mais ouse tomá-lo em vão.

"Santificado seja o teu nome". O nome de Deus não é apenas um título que usamos para dirigir-nos a ele: é uma grande revelação que recebemos do Senhor. Na Bíblia, o nome de Deus é usado para significar sua própria revelação aos homens a fim de que possam conhecê-lo. Seu nome revela sua natureza e manifesta sua perfeição. Isso não é algo que a alma humana possa entender; é preciso que o Senhor mesmo o manifeste a nós (ver João 17.6). Ele diz: "Eu lhes dei a conhecer o teu nome, e continuarei a dar-lhes a conhecer o teu nome, para que o amor com que me amaste esteja neles, e eu neles esteja" (João 17.26). Conhecer o nome de Deus requer repetidas revelações do Senhor.

"Santificado seja o teu nome" não constitui somente o desejo do nosso coração, mas representa também nossa adoração ao Pai. Devemos dar glória a Deus. Devemos começar nossa oração com louvor. Antes de antecipar sua misericórdia e graça, glorifiquemos a Deus. Que ele receba o louvor devido à sua perfeição e, então, receberemos sua graça. O ponto proeminente e último de nossa oração é que Deus receba glória.

"Santificado seja o teu nome". O nome de Deus está ligado à sua glória. "Mas eu os poupei por amor do meu santo nome, que a casa de Israel profanou entre as nações para onde foi" (Ezequiel 36.21). O povo de Israel não santificou o nome de Deus; ao contrário, profanou-o por onde passaram. Contudo, Deus tem consideração pelo seu santo nome. Nosso Senhor requer de nós esse santo desejo. Ele quer glorificar o nome de Deus por nosso intermédio. O nome de Deus precisa primeiro ser santificado em cada coração individualmente e, então, nosso desejo será aprofundado. A cruz precisa realizar uma obra mais profunda em nós, antes de podermos glorificar o nome de Deus. De outra forma, não podemos vê-lo como um santo desejo, apenas como uma excêntrica fantasia. Sendo assim, que tratamento e purificação precisamos receber em nossas vidas!

O segundo desejo é *Venha o teu reino.* Que espécie de reino é esse? Julgando pelo contexto, essa expressão refere-se ao reino dos céus. Ao ensinar-nos a orar "venha o teu reino", o Senhor diz que há o reino de Deus no céu, mas aqui na terra não há, e, portanto, devemos orar para que Deus estenda as fronteiras do reino dos céus para que alcance a terra. A Bíblia refere-se ao reino de Deus tanto em termos geográficos como em termos históricos. A história trata do tempo, ao passo que a geografia trata do espaço.

De acordo com as Escrituras, o fator geográfico do reino de Deus excede seu fator histórico. "Mas, se eu expulso os demônios, pelo Espírito de Deus", disse o Senhor Jesus, "certamente é chegado a vós o reino de Deus" (Mateus 12.28). Essa é uma questão histórica? Não, é um problema geográfico. Em qualquer lugar que o Filho de Deus expulse demônios pelo Espírito de Deus, aí se encontra o reino de Deus. Assim, durante este período de tempo, o reino de Deus é mais geográfico do que histórico.

Se nosso conceito do reino for sempre histórico, veremos apenas uma face dele, não o todo. O Antigo Testamento profetiza apenas o reino dos céus. Com a vinda do Senhor Jesus, João Batista primeiro proclama que o reino dos céus é chegado; a mesma proclamação é feita pelo próprio Senhor Jesus mais tarde. Por quê? Porque aqui começa a aparecer o povo do reino dos céus. E, quando chegamos a Mateus 13, o próprio reino dos céus começa a ter uma aparência exterior na terra. Hoje, em qualquer lugar em que os filhos de Deus expulsem demônios pelo Espírito de Deus e destroem suas obras, aí pode-se encontrar o reino de Deus. O Senhor ensina-nos a orar "Venha o teu reino" porque ele antecipa o Reino de Deus enchendo a terra.

"Venha o teu reino". Isso não é apenas um *desejo* da Igreja, é também uma — *responsabilidade* dela. A Igreja deve trazer o reino de Deus à terra. A fim de realizar essa tarefa, a Igreja precisa dispor-se a pagar o preço, submetendo-se às restrições e ao controle do céu, de modo que possa ser o escoadouro do céu, permitindo que a autoridade do céu invada a terra. Se a Igreja deve trazer o reino de Deus, ela não pode ignorar os ardis de Satanás (ver 2Coríntios 2.11) e precisa estar revestida de toda a armadura de Deus, de modo a permanecer firme contra as ciladas do Diabo (Efésios 6.11). Pois onde quer que chegue o reino de Deus, dali os demônios são banidos. Quando o reino de Deus dominar a terra por completo, Satanás será lançado no fundo do abismo (ver Apocalipse 20.1-3).

Uma vez que a Igreja tem uma responsabilidade tão grande, não é de estranhar que Satanás a ataque com toda sua força. Possa a Igreja orar como os santos do passado, dizendo: "Abaixa, ó Senhor, os teus céus, e desce" (Salmo 144.5) e "Oh! se fendesses os céus e descesses" (Isaías 64.1). Possa a Igreja dizer a Satanás: "Aparta-te de mim [...] para o fogo eterno, preparado para o Diabo e seus anjos" (ver Mateus 25.41).

O terceiro desejo é *Faça-se a tua vontade, assim na terra como no céu.* Isso revela que a vontade de Deus é feita no céu, mas, na terra, não é totalmente feita. Ele é Deus; quem pode impedir que sua vontade seja feita? Quem o impede, o homem ou Satanás? De fato, ninguém o pode impedir. Por que, então, tal oração? Para responder a essa pergunta, precisamos esclarecer o princípio da oração.

Através de toda a Bíblia, encontra-se certo número de princípios básicos da verdade, entre os quais está o princípio da oração. Notemos imediatamente que o próprio fato de a oração ser encontrada na Bíblia é muito espantoso. Aprendemos nas Escrituras (não é assim?) que Deus sabe antecipadamente tudo que precisamos. Por que, então, devemos orar? Já que Deus é onisciente, então, de acordo com a lógica humana, não há nenhuma necessidade de os homens orarem! Contudo, aí está uma coisa surpreendente na Bíblia: *como* Deus quer que os homens orem! Oração é isto: Deus deseja fazer algo, todavia, não o fará sozinho; ele espera até que os homens orem na terra e somente então ele o fará. Ele tem sua própria vontade e mentalidade; contudo, espera que os homens orem. Não que Deus não saiba das nossas necessidades, mas suprirá essas necessidades somente depois de termos orado. Ele não se moverá até que alguém ore.

A razão de orarmos, portanto, é que Deus espera que os homens orem antes de fazer alguma coisa. O Senhor Jesus deve nascer, mas é necessário que Simeão e Ana orem (ver Lucas 2.25, 36-38). O Espírito Santo estava para vir, mas os 120 deveriam orar por 10 dias (ver Atos 1.15; 2.1,2). É esse o princípio da oração. Podemos, pela oração, forçar Deus a fazer o que ele não quer? De modo nenhum. Contudo, ele espera até que oremos por aquilo que ele deseja, antes que o realize.

Quando Acabe era rei, a palavra do Senhor veio explicitamente a Elias, dizendo: "[...] darei chuva sobre a terra". Porém não mandou a chuva, até que Elias houvesse orado (ver 1Reis 18.1,41-45). Deus se recusa a executar sua vontade sozinho; ele quer que oremos antes de realizá-lo Assim, o que é oração? É isto: primeiro, Deus tem uma vontade; segundo, tocamos sua vontade e então oramos; e, terceiro, enquanto oramos, Deus nos ouve.

Que engano é pensar que, orando, o homem dá início às coisas que ele quer que Deus faça. A Bíblia mostra que primeiro é Deus quem tem a vontade; é ele quem deseja realizar algo. Ele nos faz conhecer sua vontade para que a declaremos. Isso se chama oração. Aqui o Senhor Jesus ensina-nos a orar, pois é o próprio Deus quem deseja que o seu nome seja santificado, seu Reino venha e sua vontade seja feita na terra.

Mas, Deus não fará que isso ocorra automaticamente; ele espera que a Igreja ore. Você ora, eu oro; todos os filhos de Deus oram. E, quando essa oração alcançar o ponto de saturação, o nome de Deus será santificado entre os homens, seu reino virá e sua vontade será feita na terra, como é no céu.

Os filhos de Deus precisam aprender esse tipo de oração — que precisam ser sempre sensíveis ao que Deus deseja realizar. Embora a vontade de Deus já esteja formada, ele não a executará até que a mente de seus filhos seja tocada e eles expressem sua vontade mediante a oração. Então, ele começará a ouvir essa oração. Ainda que seu nome só seja santificado no próximo século, seu reino virá e sua vontade será feita na terra; esse tempo pode ser apressado ou retardado, dependendo de como oram os filhos de Deus. E a razão básica para isso é: Deus recusa-se realizar sua vontade a sós. Em vez disso, deseja que seus filhos na terra orem, antes que ele a execute.

Muitas coisas podem ser consideradas vontades fragmentárias de Deus, mas ele tem uma vontade suprema que inclui todas essas vontades fragmentárias. Se estivermos atentos à suprema vontade divina, todas essas vontades serão cumpridas oportunamente. Deus, no céu, tem sua vontade; seu Espírito comunica-nos essa vontade, fazendo-nos clamar em comum acordo: "Deus, queremos que faça isto". Somente então Deus a realizará. Isso é o que a Bíblia nos diz a respeito do princípio da oração.

A obra de Deus hoje é afetada pela nossa oração na terra. Que nós possamos pedir-lhe que nos abra os olhos para vermos como a ação do céu é influenciada por nossa oração na terra. Nosso Senhor explicou esse mistério de Deus, oculto ao longo dos séculos. Se desejamos oferecer a nós mesmos, gastar tempo em oração, logo perceberemos que essa oração não somente será ouvida por Deus, mas será recompensada no futuro também.

A vontade de Deus é como a água de um rio, e nossa oração é como um canal. Se nossa oração for grande o bastante, a resposta será, da mesma forma, grande. Se nossa oração for limitada, a resposta também será restrita. O avivamento galês de 1903-1904 pode ser considerado como o maior na história da Igreja. Deus usou um mineiro, Evan Roberts, como instrumento para essa grande obra de reavivamento. Ele não possuía conhecimentos intelectuais, mas sua oração era tremendamente profunda. Mais tarde, ele se afastou do trabalho público por sete ou oito anos. Certo dia, um irmão o encontrou e perguntou-lhe o que andou fazendo durante aqueles anos. Sua resposta teve uma só sentença: "Estive fazendo a oração do reino".

Será que estamos conscientes de que sem oração o reino não virá? Se o canal estiver bloqueado, pode a água fluir? É através da oração que o Senhor ensina que o pensamento e a ordem de Deus são revelados. Quando a vontade dos filhos de Deus estiver totalmente em conformidade com a vontade divina, o reino de Deus verdadeiramente virá, e sua vontade verdadeiramente será feita na terra como o é no céu.

Três pedidos para nós mesmos

Na segunda seção do ensino de Jesus sobre a oração, temos três pedidos para nós mesmos.

Primeiramente lemos: *O pão nosso de cada dia dá-nos hoje.* Algumas pessoas têm dificuldade em compreender como o Senhor pode nos ensinar a orar em seu nome, seu reino e sua vontade e, então, rapidamente voltar-se para o assunto do pão diário. O mergulho na oração de tais sublimes alturas a um nível tão mundano parece uma rápida queda de 10 mil metros. Mas devemos reconhecer que há uma boa razão para isso.

O Senhor leva em consideração a pessoa que verdadeiramente pertence a Deus e que constantemente ora pelo nome, pelo reino e pela vontade divinos. Uma vez que tal oração é tão essencial, aquele que assim ora invariavelmente atrairá sobre si o ataque de Satanás. Há, portanto, um assunto que deve ser levado em oração: o pão diário. O alimento é a necessidade imediata do homem; é uma grande tentação. Quando o suprimento do pão diário de uma pessoa falta, constitui tremenda tentação. De um lado, você deseja que o nome de Deus seja santificado, que seu reino venha e que sua vontade seja feita na terra; de outro, você, como humano que é, ainda vive na terra e tem necessidade do pão diário. Satanás conhece sua necessidade. Daí você precisar exercitar-se na oração de proteção. Essa é a oração de um cristão por si mesmo, pedindo proteção ao Senhor. Se não for assim, enquanto fizer uma oração transcendental, você será atacado pelo inimigo. Satanás pode assaltar-nos nessa área.

Se necessitamos do pão diário e não o temos, nossa oração será afetada. Que possamos ver a importância de fazer essa oração. Enquanto estivermos na terra como seres humanos, nossos corpos terão necessidade de alimento diário. Consequentemente, precisamos pedir a Deus que nos dê o pão de cada dia.

Essa oração também mostra-nos que necessitamos olhar para Deus diariamente e orar a ele diariamente, pois é isso que o Senhor nos ensina aqui: "O pão nosso de cada dia dá-nos *hoje*". *Não é uma oração semanal, mas diária. Não temos nada em que nos apoiar na terra, nem temos economia alguma. Temos de pedir o pão nosso para hoje* — não para o suprimento da semana ou do mês. Como precisamos descansar em Deus! Aqui vemos que o Senhor não se esquece de nosso pão diário, nem nos ensina que não peçamos, mas deseja que peçamos diariamente.

Ora, é verdade que nosso Pai já sabe as coisas de que necessitamos. Contudo, o Senhor deseja que oremos a Deus cada dia pelo nosso pão cotidiano, pois ele anseia que aprendamos a ir ao Pai diariamente, exercitando, assim, a nossa fé diariamemte. Como ficamos ansiosos com tanta preocupação e oramos por necessidades tão remotas! Não devemos agir assim. Lembremo-nos que, se tivermos um forte desejo pelo nome, pelo reino, e pela vontade de Deus, nossas dificuldades automaticamente aumentarão. Mas, uma vez que Deus nos dá hoje nosso pão cotidiano, somente poderemos orar pelo pão de amanhã, quando o amanhã chegar. "Portanto, não andeis ansiosos pelo dia de amanhã, pois o amanhã se preocupará consigo mesmo. Basta a cada dia o seu próprio mal." (Mateus 6.34).

O segundo pedido é: *Perdoa-nos as nossas dívidas, assim como nós perdoamos aos nossos devedores.* Fizemos o pedido pela necessidade física, e, agora, temos o pedido pela consciência sem culpa. Dia a dia, não conseguiremos evitar ofender Deus em muitas áreas. Embora essas coisas não sejam todas pecados, podem, contudo, ser dívidas. O que deveria ter sido feito e não o foi é dívida; o que deveria ter sido dito, e não o foi, também é dívida. Por isso não é muito fácil manter uma consciência livre de ofensa diante de Deus. Cada noite, antes de dormir, descobrimos que muitas coisas acontecidas durante o dia são ofensas a Deus. Podem não ser necessariamente pecados; entretanto, são dívidas. Quando pedimos a Deus que perdoe nossas dívidas e não mais se lembre delas, tornamo-nos habilitados a ter uma consciência sem ofensa. Isso é extremamente importante. Tendo nossas dívidas e pecados perdoados, temos, agora, consciência limpa para vivermos com ousadia na presença de Deus.

Muitos cristãos têm tido a seguinte experiência: toda vez que há ofensa na consciência, a fé é incapaz de elevar-se, pois ela não tolera nenhum vazamento. Como disse o apóstolo Paulo: "conservando a fé, e a boa consciência, a qual alguns, havendo rejeitado, vieram a naufragar na fé" (1Timóteo 1.19). A consciência pode ser comparada a um barco que não pode ter nenhum vazamento. Se houver vazamento na consciência, perde-se a fé. A consciência não tolera nenhuma dívida ou ofensa. Toda vez que houver um agravo, cria-se um buraco, e a primeira coisa a vazar será nossa fé. Se existe um buraco na consciência, não importa o quanto tentemos crer, não o poderemos. Tão logo uma voz condenadora se levante na consciência, a fé imediatamente vaza. Por isso, precisamos manter uma consciência livre de ofensa. Devemos pedir que Deus perdoe nossas dívidas. Esse assunto é muito sério. E, embora isso não se relacione com a questão de termos ou não vida eterna, está definitivamente relacionado com o problema de nossa comunhão e com a disciplina de Deus.

Pedimos que Deus perdoe as nossas dívidas como também temos perdoado os nossos devedores. Se uma pessoa é altamente prejudicada por seus irmãos e irmãs, e não consegue perdoar suas ofensas, não está qualificada para pedir a Deus que perdoe suas dívidas. Aquele cujo coração é tão estreito que sempre nota como as pessoas o têm ferido e ofendido é incapaz de fazer essa oração diante de Deus. Precisamos ter um coração perdoador antes de virmos à presença do Pai com ousadia, pedindo-lhe que perdoe "as nossas dívidas, assim como nós perdoamos os nossos devedores". Não podemos pedir a Deus que perdoe nossas dívidas, se não temos perdoado as dívidas dos outros. Como podemos abrir a boca para pedir o perdão de Deus, a menos que, primeiro, tenhamos perdoado os nossos devedores?

Se estamos insatisfeitos com algumas pessoas por não terem suprido nossas demandas, e se estamos sempre calculando em nosso coração quanto este ou aquele nos tem ofendido, como poderemos fazer essa oração ao Pai? Uma vez que precisamos pedir ao Pai que nos perdoe por aquilo que lhe devemos, não precisaremos da mesma forma perdoar os que estão em dívida conosco? Precisamos primeiro perdoar os nossos devedores e, então, poderemos orar ao Pai com ousadia: "Perdoa as minhas dívidas assim como tenho perdoado aos meus devedores".

Aqui podemos notar algo: além de ensinar-nos a respeito de nossa relação com o Pai, a Bíblia mostra-nos também como deve ser a nossa vivência com os irmãos e irmãs na fé. Engana-se alguém que se considerar reto em seu relacionamento com Deus, embora negligencie seu relacionamento com outros da família da fé. Se, hoje, entrarmos em discórdia com um irmão ou irmã, instantaneamente perderemos a bênção de Deus. Da mesma forma, incorremos em dívida — embora não em pecado — se hoje falharmos em fazer ou dizer o que devemos a nossos irmãos e irmãs. Não alimentemos a fantasia de que, se não há pecado, está tudo bem; também não devemos ter dívida alguma. Se não podemos perdoar nem esquecer algum agravo que tenhamos contra nossos irmãos ou irmãs, isso nos impedirá de receber, o perdão de Deus. Assim como tratamos os outros, assim também Deus nos trata. Seria uma grande decepção imaginarmos que Deus perdoa as nossas dívidas ao passo que continuamos a lembrar-nos de nossos devedores, calculando e reclamando todo o tempo, pois o Senhor explicitamente nos ensina a orar: "Perdoa-nos as nossas dívidas, assim como nós perdoamos aos nossos devedores".

Observe, por favor, as palavras "como" "perdoado". Sem "perdoado", como pode haver "como"? Se você não perdoa os seus devedores, suas dívidas ainda são lembradas por Deus. No caso de você *ter* perdoado os seus devedores com o coração e ter permitido que essas dívidas fossem completamente retiradas como se nada houvesse, então pode vir a Deus com ousadia, dizendo: "Perdoa as minhas dívidas, assim como tenho perdoado aos meus devedores". E o resultado é que Deus não pode deixar de perdoar as suas dívidas. Cumpramos alegremente nosso dever de perdoar aos nossos devedores, para que não tenhamos falta de perdão diante de Deus.

E o terceiro pedido? *Não nos deixes cair em tentação; mas livra-nos do mal.* O primeiro pedido referia-se à nossa necessidade física; o segundo, ao nosso relacionamento com os demais membros do corpo de Cristo; o pedido final fala de nossa relação com Satanás. "Não nos deixes cair em tentação" é o lado negativo, e "livra-nos do mal", o positivo. Enquanto vivemos na terra para Deus, com um forte desejo no coração por seu nome, seu reino e sua vontade, por um lado, teremos necessidades físicas pelas quais precisamos ir a Deus a fim de receber o pão de cada dia; e, por outro lado, experimentaremos a necessidade de ter a consciência sempre limpa e sem culpa diante de Deus, pelo que precisamos pedir-lhe que perdoe as nossas dívidas. Contudo, descobrimos outra necessidade: a de termos paz, por amor da qual pedimos a Deus que nos livre das mãos de Satanás.

Quanto mais andarmos no caminho do reino dos céus, mais fortes serão nossas tentações. Como podemos enfrentá-las? Precisamos orar a Deus, pedindo: "Não nos deixes cair em tentação". Nunca seja tão autoconfiante que ouse enfrentar qualquer tentação. Uma vez que o

Senhor nos tem ensinado a orar assim, devemos pedir que Deus não nos deixe cair em tentação. Não sabemos quando a tentação virá, mas podemos orar antecipadamente que Deus não nos deixe cair nela. Tal oração é por proteção. Em vez de esperar diariamente que a tentação venha, devemos orar diariamente para que o Senhor não nos deixe cair nela. Somente o que o Senhor permite pode vir a nós; mas o que ele não permite, pedimos que não nos deixe acontecer. De outro modo, estaríamos tão ocupados em lutar contra a tentação do alvorecer até o escurecer que não teríamos tempo para fazer qualquer outra coisa. Precisamos pedir ao Senhor que não nos deixe ir na direção da tentação, para que não encontremos aqueles que não devemos, nem nos deparemos com as coisas que não deveriam nos acontecer. Esse é um tipo de oração protetora. E devemos ir a Deus pedindo-lhe que nos dê o pão cotidiano, resolva nossos problemas de uma consciência limpa, e que não nos deixe cair em tentação.

Devemos não somente pedir ao Senhor: "Não nos deixes cair em tentação", mas também "Livra-nos do mal". Esse último é um pedido positivo. Não importa em que área Satanás atue — quer se relacione ao pão de cada dia, à nossa consciência ou a qualquer outra tentação que lance contra nós —, nossa oração ao Senhor deve ser para que ele nos livre do maligno. Em outras palavras, não esperamos cair na mão do maligno em coisa alguma. Lendo Mateus 8 e 9, podemos perceber que Satanás tem domínio sobre mais coisas do que imaginamos. Com respeito ao corpo humano, sua mão pode consistir em uma febre alta;

com respeito ao mar, uma repentina tempestade. Sua mão pode mostrar-se pela possessão demoníaca, no caso do ser humano; ou do afogamento, no caso de uma manada de porcos, pode também refletir-se, no coração humano, em rejeição ou oposição ao Senhor, sem causa aparente. Em qualquer acontecimento, Satanás está pronto para ferir as pessoas e causar-lhes sofrimento. Devemos, portanto, orar, pedindo ao Senhor que nos livre do maligno.

Os três desejos do nosso coração por Deus, formam a oração básica; nossos três pedidos por nós mesmos tornam-se uma oração protetora.

A oração pelo pão diário não é somente por comida, nem o pedido por uma consciência sem ofensa somente para termos um bom sentimento, nem é o pedido para sermos libertados do maligno simplesmente para que não sejamos feridos. O que motiva nossa oração é podermos viver na terra realizando mais da obra de oração — esperando, assim, que o nome do Pai seja santificado, que venha o seu reino e que sua vontade seja feita na terra, como no céu.

Três louvores

Finalmente, o Senhor nos ensina a louvar a Deus por três coisas: "Pois teu é o reino, o poder e a glória para sempre. Amém." Essa declaração de louvor diz que o reino é do Pai, o poder é do Pai, e a glória é do Pai. Estes três temas de louvor estão relacionados com o livramento do maligno; e mais, estão relacionados com a oração que nosso Senhor ensinou. O motivo para pedir livramento do maligno é que o reino pertence ao Pai, não a Satanás; o poder é do Pai, não de Satanás; a glória é do Pai, não de Satanás. A ênfase está exatamente aqui: visto que o reino é do Pai, não devemos cair nas mãos de Satanás; uma vez que o poder é do Pai, não devemos cair nas mãos de Satanás; já que a glória é do Pai, não cairemos nas mãos de Satanás. Isso constitui um motivo muito forte. Se caímos nas mãos de Satanás, como pode o Pai ser glorificado? Mas, se é o Pai quem governa, então Satanás não tem poder sobre nós. O Reino do céu pertence ao Pai; portanto, não podemos e não devemos cair nas mãos de Satanás.

A respeito do poder, podemos relembrar as palavras que nosso Senhor nos disse: "Eu vos dei autoridade para pisar serpentes e escorpiões, e toda a força do inimigo, e nada vos fará dano algum." (Lucas 10.19). A autoridade que o Senhor dá sobrepuja todo o poder do inimigo, pois há poder nessa autoridade. O Senhor quer que saibamos que, no reino, há uma autoridade, e por trás dessa autoridade está o poder que tudo controla. O reino é de Deus, não de Satanás; naturalmente a autoridade também é de Deus, não de Satanás; e o poder também é de Deus, não de Satanás. E, quanto à glória, também ela pertence a Deus e não a Satanás. Sendo o reino, o poder e a glória de Deus, aqueles que pertencem a ele podem esperar ser libertos da tentação e da mão de Satanás.

No Novo Testamento, o nome do Senhor usualmente representa a autoridade, ao passo que o Espírito Santo representa o poder. Toda autoridade está no nome do Senhor; todo poder está no Espírito Santo. O Reino é governo do céu; daí a autoridade ser de Deus. O Espírito Santo é o poder pelo qual Deus age. Uma vez que o reino é de Deus, Satanás não tem governo em lugar nenhum; visto que o poder é do Espírito Santo, o adversário não tem meios pelos quais competir. Sabemos, em Mateus 12.28, que, assim que os demônios se encontram com o Espírito Santo, são imediatamente expulsos. E, finalmente, a glória também é de Deus. Daí podermos declarar e louvar em voz alta: "teu é o reino, o poder e a glória para sempre. Amém."

O Senhor ensina-nos a orar dessa maneira. Não para recitarmos essa oração como uma formalidade, mas, pelo contrário, a fim de orarmos de acordo com o princípio revelado por ela. Essa deveria ser a base para todas as orações. Por amor de Deus, desejamos sinceramente que seu nome seja santificado, seu Reino venha e sua vontade seja feita na terra, como no céu. Da mesma forma, pelo fato de o Reino, o poder e a glória pertencerem a Deus, damos-lhe todo o louvor. Uma vez que o Reino, o poder e a glória são todos dele, o nome de Deus deve ser santificado, seu Reino deve vir e sua vontade deve ser feita na terra, como no céu. Uma vez que o Reino, o poder e a glória são do Senhor, devemos recorrer a ele por nosso pão cotidiano, pelo perdão de nossas dívidas e por livramento da tentação e do maligno. Todas as nossas orações devem ser modeladas nessa.

Algumas pessoas têm insinuado que essa oração não foi dada aos cristãos por não concluir com a expressão "em nome do Senhor". Tal conclusão é tola, pois o que o Senhor nos ensina aqui não é uma fórmula de oração. Mais ainda, pensamos qual oração no Novo Testamento termina com as palavras "em nome do Senhor"? Quando, por exemplo, os discípulos clamam ao Senhor no barco, dizendo: "Senhor, salva-nos. Estamos perecendo!" (Mateus 8.25), foram as palavras "em nome do Senhor" incluídas? É claro que o Senhor não está nos ensinando a repetir com exatidão essas palavras; antes, ele deseja que oremos de acordo com o princípio que aqui apresenta. Ele enumera os vários elementos pelos quais devemos orar, sem que repitamos as mesmas palavras.

A importância do perdão

Agora, concluído seu ensino sobre a oração, o Senhor continua imediatamente: "Pois se perdoardes aos homens as suas ofensas, também vosso Pai celestial vos perdoará a vós. Porém se não perdoardes aos homens as suas ofensas, também vosso Pai celestial não perdoará as vossas" (Mateus 6.14,15). Aqui o Senhor explica o significado da expressão: "perdoa-nos as nossas dívidas, assim como nós temos perdoado aos nossos devedores" (v. 12).

Como é fácil o cristão falhar no que diz respeito ao perdão. Se houver o espírito de falta de perdão entre os filhos de Deus, então tudo o que aprenderam — incluindo sua fé e todo o seu poder — se esvairá. Por isso, o Senhor fala aqui distinta e enfaticamente. São palavras muito simples; contudo, os filhos de Deus necessitam dessas simples palavras: "Pois se perdoardes aos homens as suas ofensas, também vosso Pai celestial vos perdoará a vós". É tão simples obter o perdão do

Pai celeste. Mas, "se não perdoardes aos homens as suas ofensas, também vosso Pai celestial não perdoará as vossas." Não há "perdão casual". Essas palavras são simples, seu significado, contudo, não é tão simples. Se dizemos com nossos lábios que perdoamos, mas em nosso coração não perdoamos, aos olhos de Deus é como se não tivéssemos perdoado as ofensas do outro. Perdoar de lábios, mas não de coração, é palavra vazia, é mentira e, portanto, não creditada diante de Deus. Precisamos perdoar de coração. Assim como os primeiros discípulos precisavam dessas palavras, nós também necessitamos hoje.

Se os cristãos percebem as ofensas dos outros mas não perdoam de coração, a Igreja logo cai em dificuldades. Ora, naturalmente, se não vivemos na terra como Igreja, podemos não precisar de perdão mútuo, uma vez que, quando houver discórdia, podemos ir cada um por seu próprio caminho. Mas, o Senhor sabe como é importante o relacionamento de uns com os outros. Assim, ele reitera, com ênfase, esse ponto no final. Ele sabe que quanto maior é a comunhão e a comunicação de uns com os outros, mais necessitamos perdoar. A fim de impressionar-nos com a importância desse fato, ele não pode deixar de levar nossa atenção a esse ponto. Se não podemos perdoar uns aos outros, facilmente daremos lugar ao Diabo. Se não perdoamos uns aos outros, não estamos vivendo no reino nem realizando sua obra. Ninguém que falha em perdoar as ofensas dos homens pode executar a obra do Reino; ninguém que carece desse perdão pode viver no Reino. Precisamos lembrar que sempre que estivermos em desacordo com irmãos e irmãs, também estaremos em controvérsia com o Senhor. Não podemos orar e, ao mesmo, tempo estar sem o espírito de perdão. Esse não é um assunto insignificante. Precisamos observar o que o Senhor destaca: precisamos perdoar as ofensas dos homens.

Por último, tenhamos consciência da atenção que o Senhor dá à oração. Quando ele fala de esmolas, antes de falar da oração, usa somente quatro versículos; ao mencionar o jejum, depois da oração, usa somente três versículos. Mas sobre a oração, ele fala extensa e enfaticamente, pois a oração está diretamente relacionada com Deus, e é o fator mais importante do trabalho cristão. Mostra-nos que há recompensa para esse tipo de oração, porque a oração aqui mencionada tem tremendas consequências a ela relacionadas. Todos os que são fiéis ao ministério de oração serão recompensados no futuro. Aquele que persiste nessa espécie de labor secreto, não ficará sem recompensa. Que Deus levante pessoas para orar por sua obra.

E ainda um último ponto. Na oração que o Senhor ensina, o pronome "nós" é usado o tempo todo. Esse é o tom da Igreja. Essa oração traz a consciência de que somos corpo. É uma oração extremamente "grande". Quem pode contar os santos que na terra têm feito essa oração? Que possamos mais uma vez renovar nossa consagração e juntar-nos às fileiras daqueles que fazem essa oração. Que o Senhor tenha misericórdia de nós de modo a podermos participar desse grande ministério.

3

Em nome do Senhor Jesus — a confiança de Deus

"Pelo que Deus o exaltou soberanamente, e lhe deu um nome que é sobre todo o nome, para que ao nome de Jesus se dobre todo joelho dos que estão nos céus, na terra e debaixo da terra, e toda língua confesse que Cristo Jesus é o Senhor, para glória de Deus Pai" (Filipenses 2.9-11).

E farei tudo o que pedirdes em meu nome, para que o Pai seja glorificado no Filho. Se me pedirdes alguma coisa em meu nome, eu o farei. [...] Não fostes vós que me escolhestes, mas fui eu que vos escolhi, e vos designei para que vades e deis fruto, e o vosso fruto permaneça; a fim de que tudo o que em meu nome pedirdes ao Pai ele vos conceda. [...] Naquele dia nada me perguntareis. Em verdade, em verdade vos digo que tudo o que pedirdes a meu Pai, em meu nome, ele vos dará. Até agora nada pedistes em meu nome. Pedi e recebereis, para que a vossa alegria seja completa. [...] Naquele dia pedireis em meu nome. (João 14.13,14; 15.16, 16.23,24,26a).

Voltaram os setenta com alegria, dizendo: Senhor, pelo teu nome, até os demônios se nos submetem. Disse-lhes Jesus: "Eu vi Satanás, como raio, cair do céu. Eu vos dei autoridade para pisar serpentes e escorpiões, e toda a força do inimigo, e nada vos fará dano algum. Mas não vos alegreis porque os espíritos se vos submetem, alegrai-vos antes por estarem os vossos nomes escritos nos céus [...] e seu nome se pregará o arrependimento e a remissão dos pecados, em todas as nações, começando por Jerusalém". (Lucas 10.17-20; 24.47).

Disse Pedro: "Não tenho prata nem ouro, mas o que tenho te dou. Em nome de Jesus Cristo, o nazareno, levanta-te e anda". [...] Pondo a Pedro e João no meio, perguntaram: "Com que poder, ou em nome de quem fizestes isto?" [...] seja conhecido de vós todos, e de todo o povo de Israel, que em nome de Jesus Cristo, o nazareno, aquele a quem vós crucificastes, mas a quem Deus ressuscitou dentre os mortos, em nome desse é que este está são diante de vós. [...] em nenhum outro há salvação, pois também debaixo do céu nenhum outro nome há, dado entre os homens, pelo qual devamos ser salvos". [...] Mas Paulo, perturbado, voltou-se, e disse ao espírito: "Em nome de Jesus Cristo, ordeno-te que saias dela. E na mesma hora saiu". [...] Quando ouviram isto, foram batizados em nome do Senhor Jesus. (Atos 3.6; 4.7,10,12; 16.18; 19.5).

E tais fostes alguns de vós. Mas fostes lavados, mas fostes santificados, mas fostes justificados em nome do Senhor Jesus, e pelo Espírito do nosso Deus. (1Coríntios 6.11).

Se há um assunto sobre o qual devemos ter entendimento diante de Deus, esse assunto diz respeito ao nome do Senhor Jesus. Ninguém na terra pode ser salvo, a não ser pelo nome do Senhor Jesus; e ninguém pode ser um vaso útil para Deus a menos que conheça esse nome. Precisamos, portanto, entender o significado do nome do Senhor Jesus. Infelizmente, o nome do Senhor Jesus tem sido desrespeitado e tratado com leviandade. Mencioná-lo tornou-se demasiadamente comum na linguagem humana! Frases como "no nome de Jesus Cristo" ou "em nome do Senhor Jesus" quase que se tornaram sem sentido! As pessoas estão tão acostumadas a ouvi-las e lê-las, que falham achando não ser importante conhecer o significado dessas expressões. Peçamos a Deus que nos leve, novamente, a compreender o real significado do nome do nosso Senhor Jesus que, apesar de tão familiar, permanece precioso e poderoso.

Um

O nome do Senhor Jesus é muito especial. É algo que Cristo não possuía enquanto estava na terra. Quando na terra, seu nome era Jesus. Isso é o que nos diz o capítulo 1 de Mateus. Mas, Filipenses 2 indica que o Senhor, tendo se humilhado até a morte, e morte de cruz, Deus também o exaltou sobremaneira e lhe deu um nome que está acima de todo nome. Que nome é esse? O texto de Filipenses 2.10,11declara: "para que ao nome de Jesus se dobre todo joelho dos que estão nos céus, na terra e debaixo da terra, e toda língua confesse que Cristo Jesus é o Senhor, para glória de Deus Pai". Esse nome é "o nome de Jesus". Não era ele chamado "Jesus" enquanto estava na terra? Contudo, esse é um nome que lhe foi dado depois de sua ascensão ao céu. Por sua obediência a Deus até a morte, e morte de cruz, o Senhor foi exaltado e recebeu um nome que está acima de todo nome. Esse nome é Jesus.

Não foi somente Paulo que, tendo recebido revelação, menciona que o nome do Senhor Jesus passou por essa grande mudança. O próprio Senhor Jesus mostra-nos que seu nome passou por uma mudança drástica: "Até agora nada pedistes em meu nome. Pedi e recebereis, para que a vossa alegria seja completa. Naquele dia pedireis em meu nome" (João 16.24,26a). "Naquele dia", diz Jesus, não hoje; esperem até aquele dia e, então vocês pedirão em meu nome. Quando falou tais palavras, o Senhor ainda não havia recebido esse nome que está acima de todo o nome. Mas, receberá o nome que está acima de todo nome "naquele dia", e "naquele dia" poderemos ir ao Pai e pedir em seu nome.

Que Deus abra nossos olhos para vermos que, depois de sua ascensão, o nome do Senhor Jesus passou por uma grande mudança — uma mudança que está além da nossa compreensão. Esse nome é dado por Deus e está acima de todos os nomes.

Dois

O que esse nome representa? Representa tanto autoridade quanto poder. Isso "para que ao nome de Jesus se dobre todo joelho dos que estão nos céus, na terra e debaixo da terra, e toda língua confesse que Cristo Jesus é o Senhor, para glória de Deus Pai" — isso é autoridade. Todo joelho se dobrará ao nome de Jesus; toda língua confessará que Jesus é Senhor. Por esse motivo, o nome de Jesus traz consigo autoridade e poder dados por Deus.

Em dada ocasião, os discípulos de Jesus lhe disseram: "Voltaram os setenta com alegria, dizendo: Senhor, pelo teu nome, até os demônios se nos submetem" (Lucas 10.17). Foi algo grandioso os discípulos expulsarem demônios em nome do Senhor. Os demônios não temem a muitos e grandes nomes deste mundo, mas submeteram-se aos discípulos em o nome do Senhor Jesus. Mais tarde, o Senhor Jesus explicou aos seus discípulos por que os demônios estão sujeitos a eles no seu nome: "Eu vos dei autoridade para pisar serpentes e escorpiões, e toda a força do inimigo" (v. 19). Daí se conclui que o nome é igual à autoridade.*

Mesmo os governadores dos judeus eram conscientes desse fato, porque depois que Pedro fez o paralítico andar, eles questionaram os apóstolos, no dia seguinte, perguntando-lhes: "Com que poder, ou em nome de quem fizestes isto?" (Atos 4.7). Em outras palavras, queriam saber que autoridade Pedro tinha para fazer aquele homem andar? Sabiam que agir em nome de alguém significava ter recebido autoridade dessa pessoa. Consequentemente, o nome de Jesus se mantém como a autoridade que Deus lhe confiou. Não que o nome seja autoridade, mas o efeito do nome o é.

Três

O Novo Testamento não somente nos mostra o nome de Jesus, mas também inclui uma frase muitíssimo especial, "em nome do Senhor Jesus". Será que realmente entendemos o que isso significa? Aí temos não apenas o nome de Jesus Cristo, mas também a expressão *no* nome de Jesus Cristo. Se estudarmos a Palavra de

* A autoridade e o poder do nome de Jesus são aqui demonstrados em antecipação à ascensão do Senhor.

Deus com cuidado e, ao mesmo tempo procurarmos realmente andar no Espírito, não poderemos deixar de reconhecer quantas vezes temos dito "no nome do Senhor Jesus", ou "no nome de Jesus Cristo" sem, de fato, saber como usar esse nome. Como podemos ser cristãos normais, se nem sabemos usar o nome do Senhor Jesus? Vejamos, portanto, o que significa de fato a expressão "no nome do Senhor Jesus".

Nas várias conversas do Senhor Jesus, a primeira vez que encontramos as palavras "em nome do Senhor Jesus" é no evangelho de João. Encontra-se na conversa de nosso Senhor com seus discípulos, depois de ele lhes ter lavado os pés. Nos capítulos 14, 15 e 16 de João, ele diz especialmente aos seus discípulos o que podem realizar, se o fizerem em seu nome: "E farei tudo o que pedirdes em meu nome [...] Se me pedirdes alguma coisa em meu nome, eu o farei" (14.13,14). Do capítulo 14 ao 16, ele menciona repetidas vezes aos discípulos a expressão "Em meu nome". Isso não apenas indica que ele um dia receberia de Deus um nome que está acima de todos os nomes, mas também que seu nome é algo que os discípulos podem usar, um nome que você e eu podemos usar. Esse nome foi dado por Deus ao seu Filho Jesus, e Jesus Cristo, o Filho de Deus, por sua vez, entrega esse nome a você e a mim para que o usemos. De modo que a Bíblia não somente menciona o fato de o Senhor Jesus ter um nome que está acima de todos os outros nomes, mas também ensina-nos como usar o nome do Senhor Jesus. Encontramos não apenas a expressão "seu nome", mas também "em seu nome". O nome de Jesus Cristo é o que ele recebeu de Deus; "em nome de

Jesus Cristo" é expressão que denota o que os filhos de Deus partilham com ele. Será que percebemos que essa é a maior verdade que Deus nos confiou?

Por que o nome de Jesus é a confiança de Deus? Que é uma "confiança"? Deus nos confia a pregação do evangelho; ordena-nos realizar um trabalho; ele encarrega-nos de ir a algum lugar ou proferir algumas palavras. Tudo isso representa a confiança de Deus. Contudo, o significado de "em nome do Senhor Jesus" é um tipo diferente de confiança. Significa que Deus confia que você faça algo; sim, mas muito mais, ele confia o Filho a você. Não é Deus enviando você; é o ato de você levar consigo o Filho de Deus. Isso é o que significa "em nome do Senhor Jesus".

"Em nome do Senhor Jesus" realmente significa que Deus tem confiado seu Filho a nós. Suponha que você deposite uma soma de dinheiro no banco. Suponha, mais ainda, que a retirada de qualquer quantia precisa de um carimbo seu. Um dia você pede a um amigo que retire algum dinheiro do banco e dá-lhe o carimbo. É fácil para ele retirar o dinheiro, já que está de posse do seu carimbo. Se ele preencher um cheque de dez dólares e o marcar com o carimbo, poderá sacar esse valor. Da mesma maneira, a expressão "em nome do Senhor Jesus" é semelhante a você ter recebido do Senhor Jesus o carimbo dele. Suponhamos, novamente, que tenho uma grande soma de dinheiro depositada em um banco e estou pronto a confiar numa pessoa dando a ela meu talão de cheques e o carimbo. Pois, se eu não confiasse nessa pessoa, como poderia saber que ela não retiraria todo o meu dinheiro? Como ter certeza de que essa pessoa não iria assinar algum contrato com meu carimbo? Se eu não confiasse nela, nunca lhe daria o meu carimbo. Mas, se fiz isso é porque sustentarei tudo o que ela fizer. E é precisamente isso que a expressão "em nome do Senhor Jesus" significa, isto é, o Senhor Jesus ousa confiar-nos seu nome e deixar-nos usá-lo. Confia em nós até o ponto de ousar entregar-se a nós, e, ao mesmo tempo, está pronto para aceitar a responsabilidade por quaisquer consequências ou relações em que o possamos envolver por meio do uso do seu nome.

Às vezes dizemos a uma pessoa: "Vá e diga a fulano que aja assim e assim. Se lhe perguntar quem o mandou, diga que fui eu". É isso o que significa a expressão "em meu nome". Significa simplesmente usar o nome. Você dá seu nome a certa pessoa; ela o usa, mas você é o responsável pelas consequências dele.

Durante sua última noite na terra com os discípulos, o Senhor Jesus lhes disse: "E farei tudo o que pedirdes em meu nome, para que o Pai seja glorificado no Filho" (João 14.13). Ele lhes confiou algo de tremendo valor; deu seu nome a eles. Seu nome é autoridade; nada há maior. Imagine o que acontecerá, se usarmos mal o nome que o Senhor Jesus nos entregou. Aqui, por exemplo, está um homem que detém grande poder. Cada vez que ele dá uma ordem e põe sobre ela seu carimbo, ela se torna efetiva. Suponhamos que ele dê seu carimbo a outra pessoa. Ele terá de se responsabilizar por qualquer ordem que essa pessoa emita e que leve seu carimbo. Você acha que ele entregaria impensadamente o carimbo a qualquer pessoa? Claro que não. O nome do Senhor Jesus está acima de todos os nomes. Mas, mesmo assim, ele quer confiar seu nome a nós. Será que reconhecemos a grande responsabilidade que o Senhor impôs a si mesmo ao dar-nos o seu nome? Deus será responsável por tudo que fizermos em seu nome. Que coisa grandiosa! Deus será responsável por tudo que for feito em nome do Senhor Jesus.

Quatro

Uma característica peculiar dos dias atuais é que o Senhor Jesus não age diretamente. Ele não fala diretamente ao mundo; em vez disso, fala através da Igreja na terra. Ele também não opera milagres diretamente; realiza-os por meio da Igreja. Não salva as pessoas diretamente; antes, faz isso mediante a Igreja. O Senhor Jesus nada faz diretamente e por si mesmo, mas tudo realiza por meio da Igreja, por isso entregou a ela o seu nome.

Que tremenda responsabilidade ele assumiu! É muito mais fácil nos responsabilizarmos pelas coisas que fazemos, do que ser responsável pelas coisas feitas por outros. Se você conserva seu sinete em seu poder, será responsável apenas pelas coisas que você mesmo fizer; mas se o der a outros, terá de dar contas de tudo o que fizerem com ele. Se o Senhor Jesus tivesse permanecido neste mundo até hoje, sua obra teria continuado a ser feita por ele próprio da mesma forma que a realizou quando esteve aqui, e não teria de assumir responsabilidade por nós. Entretanto, ele não realiza seu trabalho atual diretamente; confiou sua obra à Igreja.

Hoje, toda a continuidade da obra do Senhor Jesus é responsabilidade da Igreja. Aquilo que a Igreja realiza hoje é o que o Senhor Jesus faz, e, portanto, ele se torna responsável por tudo que a Igreja executar em seu nome. Se confiarmos a uma pessoa a realização de alguma coisa, e ela se mostrar indigna de nossa confiança, deixaremos imediatamente de confiar nela. O Senhor Jesus, no entanto, tem de confiar na Igreja até ao fim, porque hoje o Filho de Deus já não se encontra na carne, mas na Igreja, pelo Espírito que nela habita. Ele não pode deixar de confiar na Igreja, ou não teria outro meio pelo qual realizar qualquer coisa. O Senhor Jesus verdadeiramente subiu aos céus e agora está sentado à mão direita do Pai, esperando que seus inimigos se tornem estrado para seus pés. Como o grande sumo sacerdote, ele intercede por nós. Esse agora é seu trabalho celestial. Mas, quanto ao seu trabalho na terra, ele o entregou à Igreja. Por esse motivo temos autoridade para usar o seu nome, e o Senhor Jesus acatará toda a responsabilidade por tudo o que realizarmos em seu nome como Igreja.

A Igreja não conseguirá obter na terra maior autoridade do que a representada pelo nome de Jesus. Ao dar seu nome à Igreja, o Senhor Jesus outorgou-lhe a mais alta garantia. Pois esse nome representa o seu próprio eu. Dizer qualquer coisa no nome do Senhor Jesus se torna aquilo que o próprio Senhor Jesus diz; fazer qualquer coisa no nome do Senhor Jesus se torna aquilo que o próprio Senhor faz. Independentemente do que for decidido em seu nome é reconhecido como decidido por ele. A Igreja tem a autoridade para falar no nome do Senhor Jesus. Que confiança Deus deu à Igreja!

Examinemos uma passagem bíblica em que se invoca o nome do Senhor. No evento em que o arcanjo

Miguel contende com o Diabo acerca do corpo de Moisés, ele não disse: "Eu te repreendo"; nem tampouco: "Possa o Senhor te repreender", pois a palavra "possa" daria um significado diferente à expressão, seria uma oração ou um desejo. Não, Miguel declarou: "O Senhor te repreenda" (Judas 9). Isso mostra claramente que, quando eu o repreendo, é o próprio Senhor quem faz a repreensão. O arcanjo Miguel usou aqui o nome do Senhor. De sorte que para invocar o nome do Senhor Jesus não é necessário proferir as palavras exatas.

"Em nome do Senhor Jesus" expressa o uso do nome do Senhor da mesma maneira como usamos o nosso. Ao fazer tal afirmação, estaremos numa experiência espiritual muitíssimo significativa. Muitos confessam que ainda não experimentaram por completo o poder do sangue do Senhor. Alegramo-nos em confessar que ainda não experimentamos plenamente o poder do nome do Senhor. Aos crentes de Corinto, Paulo diz: "Ora, quanto às virgens, não tenho mandamento do Senhor [...] e também eu penso que tenho o Espírito de Deus" (1Coríntios 7.25,40). Precisamos ser levados por Deus ao ponto em que percebamos que é possível usar esse nome.

Será que conseguimos ver que aqui está um nome que é tanto autoridade como poder, dado para o uso da Igreja? A Igreja deve usar o nome do Senhor sobriamente. Às vezes dizemos que a Igreja governa de fato, mas como pode ela governar sem o nome? Ela tem as chaves do reino e é responsável por sua vinda; contudo, sem esse nome ela é incapaz de destrancar o reino. O propósito de Deus é, verdadeiramente, trocar a morte pela vida na Igreja e atar Satanás por meio dela; mas, a menos que tenhamos o nome do Senhor e saibamos como usá-lo, não poderemos cumprir nossa missão. Por isso, precisamos ver que esse nome é dado pelo Senhor Jesus à Igreja.

Cinco

É por esse motivo que, tão logo alguém crê no Senhor Jesus e é salvo, recebe ordem de Deus para ser batizado. Que faz o batismo por nós? Somos batizados no nome do Senhor Jesus: "Quando ouviram isto, foram batizados em nome do Senhor Jesus" (Atos 19.5). Ao receber o batismo participo desse nome. Nossa relação com o nome do Senhor Jesus começa no batismo, pois somos batizados nesse nome. É nessa ocasião que esse nome me é confiado. Posso, daí por diante, usar o nome do Senhor Jesus assim como uso o meu próprio nome. Em vista disso, o batismo constitui algo tremendo. Na realidade espiritual, sou agora um homem ressuscitado. Por permanecer no fundamento da morte e da ressurreição, posso usar o nome do Senhor Jesus. Desse dia em diante, estou ligado ao seu nome; ele é Cristo e eu sou cristão. Quem são os cristãos? O que é uma Igreja? Nada mais que um grupo de pessoas na terra que pode usar o nome do Senhor Jesus, sabendo que ele pessoalmente arcará com a responsabilidade pelo uso que ela fizer do seu nome. À medida que esse nome é usado, Deus assume a responsabilidade por tudo o que ele representa. Isso não é maravilhoso?

Aqui vemos como são imperativas a cruz e a ressurreição. Somente permanecendo no fundamento do batismo, podemos usar o nome do Senhor Jesus; de outra forma, estaremos desqualificados para usar esse nome. Se a cruz não consegue penetrar nossa vida, o Senhor Jesus não será efetivo em nós. Não poderemos usar seu nome; e ainda que o usemos, Deus não nos apoiará e não assumirá a responsabilidade. Estaremos por nossa própria conta e ordem. Você e eu precisamos permanecer sobre o fundamento do batismo, o que significa crermos na realidade da cruz, reconhecendo que nossa velha natureza foi crucificada com Cristo, e permitindo também que o princípio da cruz seja aplicado em nossa vida natural. O batismo é uma afirmação: tudo que somos precisa passar diariamente pela morte; somente o pouco que restar terá utilidade espiritual. O que é destruído ao passarmos pela morte não pode permanecer diante de Deus, pois ele quer somente aquilo que permanece depois de passarmos pela cruz — aquilo que a morte não pode destruir.

Os filhos de Deus precisam viver a realidade da cruz. Precisamos da revelação de Deus para ver o que obtemos em Cristo. É preciso que chegue o dia em que a coluna vertebral da vida natural seja quebrada pelo Senhor; então seremos úteis para ele e seu reino. Isso não é uma doutrina, é vida. Precisa chegar o dia em que Deus veja em sua vida as marcas da cruz. Muitas pessoas parecem não ter recebido a obra da cruz em sua vida. Suas palavras, suas ações, seus sentimentos e especialmente suas atitudes diante de Deus não apresentam evidência alguma de que elas passaram pela cruz. É necessário que um dia Deus quebre tais pessoas pela cruz. Esse processo resultará no que chamamos ressurreição. Ressurreição é tudo o que não se pode enterrar nem aniquilar depois da travessia da morte. É o que sobra depois de sermos sacudidos pelo Senhor. Só aqueles que permanecem nesse tipo de fundamento podem usar a autoridade do Senhor Jesus, ou mesmo o nome do Senhor Jesus. E, à medida que usam seu nome, Deus os apoia e assume completa responsabilidade por suas ações.

Ora, essa é verdadeiramente a mais alta confiança que existe no mundo inteiro. Deus pode confiar o nome do seu Filho a você e a mim e permitir-nos usá-lo como o faríamos com o nosso próprio nome. Essa confiança é, na verdade, excessivamente grande. A responsabilidade que Deus assume, nesse sentido, está acima da compreensão humana.

Seis

Quando usamos o nome do Senhor Jesus, qual será o seu efeito? Pelas Escrituras, podemos ver efeitos pelo menos em três áreas: em relação ao homem, em relação ao Diabo e em relação a Deus.

Efeito em relação ao homem

"e em seu nome se pregará o arrependimento e a remissão dos pecados, em todas as nações,

começando por Jerusalém". (Lucas 24.47)

"Dele dão testemunho todos os profetas, de que todos os que nele creem receberão o perdão dos

pecados pelo seu nome". (Atos 10.43)

"E tais fostes alguns de vós. Mas fostes lavados, mas fostes santificados, mas fostes justificados em nome do Senhor Jesus, e pelo Espírito do nosso Deus". (1Coríntios 6.11)

Esse efeito é visto especialmente nas palavras de Atos 3: "[...] era trazido um homem que desde o ventre da mãe era coxo, o qual todos os dias punham à porta do templo, chamada Formosa, para pedir esmola aos que entravam. Vendo a Pedro e a João, que iam entrando no templo, pediu que lhe dessem uma esmola. Pedro, juntamente com João, fitando os olhos nele, disse: "Olha para nós." E olhou para eles, esperando receber alguma coisa. Disse Pedro: "Não tenho prata nem ouro, mas o que tenho te dou. Em nome de Jesus Cristo, o nazareno, levanta-te e anda." (v. 2-6).

Será que sabemos o que é falar às pessoas em nome de Jesus, o nazareno? Como vocês atravessarão tal situação se não permanecerem no fundamento da morte e da ressurreição, se não estiverem sobre o fundamento do batismo? Se não estiverem sobre esse fundamento, provavelmente se ajoelharão e orarão mais ou menos assim: "Senhor, não sei se este paralítico deve ser curado. Se ele deve ser curado, mostra tão claro de modo a termos ousadia para pedi-lo; se ele não deve ser curado, deixaremos ele em paz". Não foi essa a experiência dos apóstolos. Eles não achavam que o nome do Senhor Jesus devesse ficar com o Senhor Jesus; pelo contrário, tomavam o nome de Jesus de Nazaré para si, desfrutando de sua posse e uso.

O que é a Igreja? A Igreja é constituída de pessoas que guardam o nome do Senhor Jesus na terra. Aqueles a quem Deus chamou dentre as nações para se reunirem em seu nome formam a Igreja. A Igreja existe para manter na terra o nome do Senhor Jesus; e, consequentemente, poder usá-lo a favor de outrem. Às vezes podemos dizer a alguém: "E agora por que te deténs? Levanta-te, batiza-te e lava os teus pecados, invocando o seu nome" (Atos 22.16). Quando o Senhor Jesus estava na terra, certa vez disse a uma mulher: "Tem bom ânimo, filha, a tua fé te salvou. Vai-te em paz" (Lucas 8.48). Em outra ocasião, disse a um paralítico: "Homem, os teus pecados te são perdoados" (Lucas 5.20). Se permanecemos no fundamento do batismo e, durante essa permanência, recebermos visão e revelação, sabemos que somos gerentes do nome do Senhor Jesus. Quando vocês e eu pregarmos o evangelho às pessoas e percebermos que elas o aceitaram, podemos dizer-lhes: "Irmãos, ide em paz, pois o Senhor Jesus vos perdoou".

Por ter sido curado o paralítico, as autoridades, os anciãos e os escribas chamaram os apóstolos diante de si, dizendo: "Com que poder, ou em nome de quem fizestes isto?", ao que Pedro, cheio do Espírito Santo, replicou: "[...] seja conhecido de vós todos, e de todo o povo de Israel, que em nome de Jesus Cristo, o nazareno, aquele a quem vós crucificastes, mas a quem Deus ressuscitou dentre os mortos, em nome desse é que este está são diante de vós [...] Em nenhum outro há salvação, pois também debaixo do céu nenhum outro nome há, dado entre os homens, pelo qual devamos ser salvos" (Atos 4.7,10,12). Somente por meio desse nome, e de nenhum outro, podemos ser salvos. Por isso, podemos usar esse nome em relação aos homens.

Efeito em relação ao Diabo

Podemos não somente usar esse nome em relação aos homens, mas também em relação ao Diabo: "Em meu nome expulsarão demônios [...]" (Marcos 16.17).

Como usamos o nome do Senhor Jesus para expulsar demônios? Está registrado em Atos 16 que Paulo certa vez encontrou uma jovem possuída por um espírito adivinhador, ela o incomodou por muitos dias. O que fez Paulo ao indignar-se? Ele não foi orar; pelo contrário, voltando-se, disse ao espírito: " 'Em nome de Jesus Cristo, ordeno-te que saias dela.' E na mesma hora saiu" (v. 18). Com essa ordem, o espírito saiu dela naquele exato momento. Aqui vemos como o nome do Senhor Jesus foi confiado a Paulo para que o usasse. Observemos, mais ainda, que o nome do Senhor Jesus não nos é entregue para simplesmente ficar como um depósito no céu. Se tivermos um estado espiritual normal, seu nome nos é confiado. Assim que, ao indignar-se Paulo, não orou ao Senhor; simplesmente ordenou ao espírito que saísse da menina, em nome do Senhor. Pensaríamos que um homem que age de tal modo tivesse falta de espiritualidade, fosse independente, e cuja busca da vontade de Deus fosse deficiente. Mas, notamos, que ao expelir o espírito em nome do Senhor, o espírito saiu. Portanto, a questão real refere-se ao nosso viver na presença de Deus — se permanecemos ou não no fundamento da morte e ressurreição. Se permanecemos sobre essa base, o nome do Senhor está em nosso poder. "Em nome do Senhor Jesus" não é mera frase. É uma expressão que você e eu podemos usar no serviço cristão e na expulsão de demônios.

Em Lucas 10, o Senhor aparece enviando seus discípulos. Embora naquele tempo ele não houvesse ainda subido aos céus, age com base na ascensão. De modo que proclamou: "Eu vi Satanás, como raio, cair do céu" (v. 18). Quando os discípulos foram para o evangelismo, o Senhor não foi com eles, mas eles levaram o seu nome. Retornaram alegres, dizendo: "Senhor, pelo teu nome, até os demônios se nos submetem". Por que isso aconteceu? Por que "até os demônios se nos submetem pelo teu *nome*" (v. 17). Tendo o nome do Senhor, possuíam autoridade. Daí o Senhor Jesus declarar logo a seguir: "Eu vos dei autoridade para pisar serpentes e escorpiões, e toda a força do inimigo [...]" (v. 19). Temos consciência de que podemos usar o nome do Senhor Jesus a fim de lidar com todo o poder do inimigo? Como precisamos ter nossos olhos abertos para ver que o nome que Deus deu ao Senhor Jesus é crédito de Deus!

Efeito em relação a Deus

Mais uma área deve ser vista aqui. Além de o nome do Senhor Jesus nos ajudar a fazer que as pessoas sejam salvas e curadas, nos dar autoridade sobre o Diabo e para expulsar demônios, há outro precioso efeito desse nome: ele possibilita-nos vir ao Pai e termos nossas palavras ouvidas por ele. Nos capítulos 14 a 16 de João, a Bíblia menciona três vezes algumas coisas a respeito do nome do Senhor Jesus. O Senhor Jesus é muitíssimo ousado! Ele diz aqui: "E farei tudo o que pedirdes em meu nome, para que o Pai seja glorificado no Filho. Se me pedirdes alguma coisa em meu nome, eu o farei" (14.13,14). Ah, esse nome está acima de todos os nomes! Um dia, toda boca no céu, na terra e debaixo da terra confessará esse nome, declarando que ele é o Senhor, e diante dele todo joelho se dobrará! Como esse nome é poderoso diante de Deus! Deus respeita esse nome; por isso, nos ouvirá quando orarmos nele. Vejam isto: "Não fostes vós que me escolhestes", diz o Senhor Jesus, "mas fui eu que vos escolhi, e vos designei para que vades e deis fruto, e o vosso fruto permaneça; a fim de que tudo o que em meu nome pedirdes ao Pai ele vos conceda" (15.16). E novamente: "Naquele dia nada me perguntareis. Em verdade, em verdade vos digo que tudo o que pedirdes a meu Pai, em meu nome, ele vos dará. Até agora nada pedistes em meu nome. Pedi e recebereis, para que a vossa alegria seja completa" (16.23,24). Haverá promessa maior do que essa?

Entendamos claramente que orar em o nome do Senhor Jesus é dizer a Deus: "Ó Deus, eu sou indigno e inútil, mas venho a ti em nome do Senhor Jesus". Suponha que, por meio de um mensageiro, você mande uma carta a um amigo. Nela, você pede a ele que entregue ao portador o dinheiro que você lhe confiou. Será que depois de examinar a assinatura e confirmar que ela realmente é sua, seu amigo não entregará o dinheiro ao mensageiro? Claro que sim. Seria um absurdo se ele chamasse o mensageiro e lhe fizesse perguntas tais como "Você já frequentou a escola?", "Qual a situação de sua família?", "Como vão seus familiares?", ou "Qual é o seu temperamento?". Não, não. Ele não irá incomodar-se em saber quem é o mensageiro; tudo que ele quer saber é se a assinatura é ou não do seu amigo. O mensageiro vem em nome do amigo, que confia nele a ponto de dar-lhe essa incumbência. Aleluia! Quando vou à presença de Deus em nome do Senhor Jesus, significa que não estou ali em meu próprio nome, mas no nome do Senhor; não é por causa do que eu tenho nem do que eu serei, mas simplesmente por causa do nome do Senhor. Muita gente espera receber respostas às suas orações apenas no futuro. Esperam que, depois de se tornarem cada vez melhores, suas orações sejam respondidas. Vejamos, porém, que o motivo de podermos orar é atribuído ao nome de Jesus, não ao nosso. Permanecemos diante de Deus em nome de Cristo; por causa dele, não por causa de nós mesmos; pelo seu sangue, não por nossa justiça; de acordo com sua vontade, não de acordo com a nossa.

Conhecer o nome do Senhor é uma revelação, não uma doutrina. Chegará o dia em que Deus abrirá nossos olhos, e então veremos o poder e a majestade desse nome. Que maravilha Deus ter nos entregado esse nome! Depois disso, podemos dizer: "Deus, em nome de teu Filho Jesus". Isso significa: "Deus, tu crês em mim, tu confias em mim; por tudo que desejas que eu faça, tu te tornas responsável". Com esse nome à nossa disposição para lidarmos com os homens, com o Diabo e com Deus, que tipo de vida devemos levar a fim de termos credenciais para poder usá-lo? Precisamos diariamente aprender a conhecer a cruz. Lembre-se de que a cruz e o nome do Senhor são inseparáveis. Possa a cruz operar tão profundamente em nossa vida a fim de sabermos usar corretamente esse nome em relação aos homens, ao Diabo e a Deus. Deus dê à Igreja abundante conhecimento a respeito desse nome, de modo que, mesmo agora, possa o seu lugar ser restaurado e sua autoridade e poder recuperados. Que a Igreja possa gozar das riquezas espirituais no nome do Senhor.

4

Oração de autoridade

"Em verdade vos digo que tudo o que ligardes na terra, será ligado no céu; e tudo o que desligardes na terra, será desligado no céu. Também vos digo que, se dois de vós concordarem na terra acerca de qualquer coisa que pedirem, ser-lhes-á concedida por meu Pai, que está nos céus" (Mateus 18.18,19).

"E tu, Cafarnaum, erguer-te-ás até os céus? Serás abatida até o inferno. Se em Sodoma tivessem sido feito os milagres que em ti se operaram, ela teria permanecido até hoje. Porém eu vos digo que no dia do juízo haverá menos rigor para os de Sodoma, do que para ti" (Mateus 11.23,24).

"[...] que manifestou em Cristo, ressuscitando-o dentre os mortos, e fazendo-o sentar-se à sua direita nos céus, acima de todo principado, e autoridade, e poder, e domínio, e de todo nome que se nomeia, não só neste século, mas também no vindouro. E sujeitou todas as coisas debaixo dos seus pés, e sobre todas as coisas o constituiu como cabeça da igreja [...] e nos ressuscitou juntamente com ele, e nos fez assentar nas regiões celestiais, em Cristo Jesus [...] Pois não temos

> de lutar contra a carne e o sangue, e, sim, contra os principados, contra as potestades, contra os poderes deste mundo tenebroso, contra as forças espirituais da maldade nas regiões celestes. Portanto, tomai toda a armadura de Deus, para que possais resistir no dia mau e, havendo feito tudo, ficar firmes. [...] E orai em todo o tempo com toda a oração e súplica no Espírito. Vigiai nisto com toda a perseverança e súplica por todos os santos. Orai também por mim [...]" (Efésios 1.20-22; 2.6; 6.12,13,18,19a).

Um

É possível encontrar na Bíblia um tipo de oração mais elevada e mais espiritual. Contudo pouca gente observa ou faz essa oração. Que oração é essa? É a "oração de autoridade". Conhecemos a oração de louvor, de ação de graças, de petição, de intercessão, mas sabemos muito pouco sobre a oração de autoridade. Ela ocupa um lugar muitíssimo importante na Palavra de Deus.

Ora, se desejamos ser homens e mulheres de oração, precisamos aprender também essa oração. A oração de autoridade é o tipo de oração a que o Senhor se refere em Mateus 18.18: "[...] tudo o que ligardes na terra, será ligado no céu, e tudo o que desligardes na terra, será desligado no céu". Aqui está a oração para desligar e para ligar. O movimento do céu segue o movimento da terra. O céu ouve as palavras da terra e age sob o seu comando. Tudo que é ligado na terra será ligado no céu; e tudo que é desligado na terra será desligado no céu. Não é o pedir da terra, mas o ligar na terra; não é uma petição, mas um desligar na terra. Isso é oração de autoridade.

Esta expressão pode ser encontrada em Isaías 45.11: "Demandai-me" (ARC). Como ousamos comandar Deus? Isso não seria ridículo? Não será presunção? Mas é o próprio Deus quem diz isso. Sem dúvida, não podemos dar lugar à carne. Contudo, por esse texto vemos que há uma oração de comando. De acordo com o ponto de vista de Deus, podemos comandá-lo. Esse tipo de expressão precisa ser aprendida especificamente por todos os que estudam o tema oração.

Vamos rever a história de Êxodo 14. Depois de Moisés tirar os filhos de Israel do Egito, juntos, eles chegaram ao mar Vermelho. Surgiu um sério problema. Diante deles estava o mar e atrás deles vinham os perseguidores egípcios. Naquele momento os israelitas encontravam-se num verdadeiro dilema. Viram os egípcios perseguindo-os e ficaram cheios de temor. Clamaram ao Senhor e murmuraram contra Moisés. Como Moisés reagiu? Pela Palavra de Deus aprendemos que Moisés clamou ao Senhor. Mas, então, o Senhor lhe disse: "Então disse o Senhor a Moisés: Por que clamas a mim? Dize aos filhos de Israel que marchem. E tu, levanta a tua vara, estende a tua mão sobre o mar e divide-o, para que os filhos de Israel passem pelo meio do mar em seco" (v. 15,16). A vara que Deus deu a Moisés representa a autoridade. Assim, o que Deus queria dizer com essas palavras era: Você não precisa clamar a mim; use a oração de autoridade; faça a oração de comando, e eu agirei. Desde então

Moisés aprendeu a lição e experimentou a oração de autoridade ou oração de comando.

Dois

Para o cristão, onde está a origem da oração de comando? Na ascensão de Cristo. A ascensão está muito relacionada com a vida cristã, porque ela nos dá vitória. Assim como a morte de Cristo resolve o problema de nossa velha criação em Adão, a ressurreição leva-nos à nova criação, e coloca-nos numa nova posição frente a Satanás. Não se trata de uma nova posição diante de Deus, pois essa posição é obtida pela ressurreição do Senhor. Contudo, nossa nova posição diante de Satanás é assegurada mediante a ascensão de Cristo.

Observe estas palavras de Efésios: "[...] fazendo-o sentar-se à sua direita nos céus, acima de todo principado, e autoridade, e poder, e domínio, e de todo nome que se nomeia, não só neste século, mas também no vindouro. E sujeitou todas as coisas debaixo dos seus pés [...]" (1.20-22a). Quando Cristo ascendeu ao céu, abriu um caminho para lá, de modo que, desde então, sua Igreja também pode ascender da terra ao céu. Sabemos que nosso inimigo espiritual mora no ar; mas hoje Cristo já está assentado no céu. Um novo caminho está aberto, da terra ao céu. Esse caminho estava antes bloqueado por Satanás, mas agora Cristo o abriu. Cristo está agora muito acima de toda potestade, autoridade, poder, domínio, e de todo o nome que se possa mencionar, não somente neste mundo, mas também no vindouro. Essa é a posição atual de Cristo. Em outras palavras, Deus sujeitou Satanás e todos os seus subordinados a Cristo; sim, colocou todas as coisas em sujeição debaixo dos pés do Filho.

O significado da ascensão é completamente diferente do significado da morte e da ressurreição. Ao passo que estas promovem a redenção, aquela é uma operação de guerra — isto é, executa o que a morte e a ressurreição realizaram. A ascensão manifesta uma nova posição. Graças a Deus, pois ele nos diz "e nos ressuscitou juntamente com ele, e nos fez assentar nas regiões celestiais, em Cristo Jesus" (Efésios 2.6).

Vemos agora o que Deus fez por nós? O primeiro capítulo de Efésios afirma que Cristo subiu ao céu, acima de toda potestade e autoridade, de todo poder e domínio e de todo nome que se possa mencionar neste ou em século vindouro. No segundo capítulo, a Escritura afirma que agora estamos sentados com ele nos lugares celestiais. Isso é o mesmo que afirmar que a *Igreja* também está acima de todo principado e autoridade, de todo poder e domínio e de todo nome que se possa mencionar neste século ou no vindouro. Graças a Deus, isso é um fato. Como Cristo está agora no céu, muito acima de tudo, assim a Igreja hoje também está muito acima de tudo. O Senhor está muito acima de todos os inimigos espirituais, assim, a Igreja também ocupa a mesma posição. Da mesma forma que todos os inimigos são vencidos pelo Senhor na sua ascensão, também esses inimigos espirituais são vencidos pela Igreja que ascendeu com o Senhor. Desse modo, todos os inimigos espirituais são colocados em sujeição sob os pés da Igreja.

Observemos a conexão entre os capítulos 1, 2 e 6 de Efésios. O capítulo 1 mostra nossa posição em Cristo; o capítulo 2, a posição da Igreja em Cristo e o capítulo 6, o que a Igreja deve fazer, agora que ela entrou em uma nova posição em Cristo. O capítulo 1 fala de Cristo no céu; o capítulo 2, da Igreja assentada com Cristo nos lugares celestiais; e o capítulo 6, da batalha espiritual. Deus pôs a Igreja com Cristo nos lugares celestiais de modo que não somente esteja sentada ali, mas também ali permaneça. Assim, o capítulo 2 menciona "assentar", e o capítulo 6 diz "permanecer firme", o que significa permanecer na posição celestial: "contra os principados, contra as potestades, contra os poderes deste mundo tenebroso, contra as forças espirituais da maldade nas regiões celestes [...] e, havendo feito tudo, ficar firmes." (6.12,13). Por ser nossa batalha contra as hostes espirituais da maldade, é uma guerra espiritual.

"[...] com toda a oração e súplica no Espírito. Vigiai nisto com toda a perseverança e súplica por todos os santos. [...] Orai também por mim [...]" (Efésios 6.18,19a). Essa é a oração da guerra espiritual. Esse tipo de oração é diferente da espécie comum que vai da terra ao céu. O tipo de oração a que nos referimos é aquela da permanência na posição celestial. A oração de autoridade começa no céu e termina na terra. Em resumo, ela é a que desce do céu à terra.

Todos os que sabem orar, conhecem o significado de orar em direção ao alto e orar para baixo. Se uma pessoa nunca aprendeu a orar para baixo, ainda tem de descobrir a oração de autoridade. Na luta espiritual, a oração para baixo é extremamente importante. O que é orar para baixo? É permanecer na posição celestial que Cristo nos deu e usar autoridade a fim de resistir a todas as obras de Satanás, ordenando que tudo o que Deus determinou seja feito. Suponha, por exemplo, que estamos orando por um assunto específico. Depois de termos percebido qual é a vontade de Deus e termos realmente verificado o que ele nos ordenou, não deveríamos orar: "Ó Deus, peço-te que faças isto", e sim: "Deus, precisas fazer isto, é preciso que isto se realize deste modo. Deus, isto precisa ser realizado." Essa é a oração de comando — a oração de autoridade.

O significado do "amém" não é "possa ser assim", mas "assim será". Quando digo amém à sua oração, estou afirmando que assim acontecerá; que aquilo pelo que você orou será realizado. A oração de comando surge da fé. A razão pela qual podemos orar assim é que temos uma posição celestial à qual fomos levados quando Cristo subiu ao céu. Como Cristo está no céu, assim também nós estamos no céu; da mesma forma que quando Cristo morreu e foi ressuscitado, nós também morremos e fomos ressuscitados. Devemos perceber a posição celestial da Igreja. Satanás começa seu trabalho forçando-nos, se possível, a perder nossa posição celestial, pois a posição celestial é a posição de vitória. Enquanto permanecemos nessa posição, somos vitoriosos. Mas, se Satanás nos arrasta do céu para baixo, somos derrotados.

Todas as vitórias são ganhas por nossa permanência na posição triunfante e celestial. Satanás tentará você, dizendo: "Você está na terra". Você estará realmente derrotado se responder à essa afirmação: "Estou na terra". Ele usará essa derrota para perturbá-lo, forçando-o a pensar que verdadeiramente esteja na terra. Mas se você ficar firme e replicar: "Como Cristo está no céu, eu também estou no céu", você permanecerá seguro na sua posição celestial e será vitorioso. Daí a importância de permanecer na posição correta.

A oração de autoridade é baseada na posição celestial. Porque a Igreja está com Cristo nos lugares celestiais, ela pode fazer a oração de autoridade.

Três

O que é a oração de autoridade? Em termos simples, é o tipo de oração mencionada em Marcos 11. A fim de ver a verdade claramente, leiamos com cuidado, os versículos 23 e 24. O versículo 24 começa com a expressão conectiva "Por isso". De modo que as palavras do versículo 24 estão ligadas às do 23. Uma vez que o versículo 24 fala da oração, o 23 também necessariamente se refere ao mesmo assunto. É estranho aqui o fato de o versículo 23 não parecer uma oração comum. Não se diz a Deus: "Ó Deus, por favor, tira esta montanha e lança-a no mar." Mas o que ele diz, realmente é: "[...] se alguém disser a este monte: Ergue-te e lança-te ao mar".

Que tipo de oração muitas vezes nos vem à mente? Pensamos que a oração a Deus deve ser sempre assim: "Ó Deus, quer fazer o favor de erguer este monte e jogá-lo no mar?" Mas o Senhor fala aqui de algo bem diferente. Ele não nos insta a falar com Deus; instrui-nos a dar ordens ao monte. Não um falar com Deus, mas um ordenar ao monte: "Ergue-te e lança-te no mar". Para que não deixemos de considerar isso como oração, o Senhor imediatamente explica no versículo 24 que, na verdade, trata-se de uma oração. Aqui está uma palavra que não é dirigida a Deus e, contudo, também é oração. Falar ao monte ordenando-lhe que se lance no mar é, inquestionavelmente, uma oração. E oração de autoridade, em sua natureza, pois oração de autoridade não é pedir algo a Deus, mas usar a autoridade de Deus a fim de lidar diretamente com os problemas e livrarmo-nos de tudo o que precisamos lançar fora. Tal oração precisa ser aprendida por cada vencedor. Todos os vencedores precisam aprender a orar assim.

Temos muitos pontos fracos, como temperamento, pensamentos impuros, dores físicas e assim por diante. Se falamos a Deus a respeito deles, não veremos rápidas correções; mas se exercemos a autoridade de Deus e falamos a esses "montes", logo será removido. Qual é o significado de um "monte"? O monte representa a dificuldade que se põe em nosso caminho; é tudo o que bloqueia a nossa vereda de modo que não podemos prosseguir. Quando você e eu encontramos um monte, que fazemos com ele? Muitos começam a orar, pedindo que Deus o remova. Contudo, Deus mesmo nos ensina que nós devemos falar ao monte. É suficiente ordenarmos ao monte: "Ergue-te e lança-te no mar".

Pedir a Deus que remova o monte e ordenar ao próprio monte que se mova são duas coisas inteiramente opostas. Vir a Deus e pedir-lhe que aja, é uma coisa; comandar diretamente o monte para que se retire é completamente outra. Negligenciamos, com frequência, essa palavra de ordem. É muito raro usarmos a autoridade de Deus e falarmos diretamente à dificuldade, dizendo: "Em nome do Senhor Jesus, eu lhe ordeno que me deixe" ou "Não permitirei que continue na minha vida". Você pode usar a oração de autoridade contra tudo o que o atrapalhar. Você deverá falar ao seu mau-humor: "Sai de mim"; à sua doença: "Saia de mim, pois pela vida ressurreta do Senhor eu me *levantarei*". Não é falar a Deus, mas ao monte que atrapalha, declarando: "Ergue-te e lança-te no mar". Isso é orar com autoridade.

O que capacita a Igreja a ter oração de autoridade? É a Igreja ter completa fé e não duvidar de que faz o que está em perfeito acordo com a vontade de Deus. Sempre que não sabemos a vontade de Deus, somos incapazes de ter fé. Consequentemente, antes de fazermos qualquer coisa, precisamos primeiro saber se é da vontade de Deus. Se não for, como podemos ter fé? Se estamos em dúvida quanto aos desejos do coração divino, também teremos dúvida quanto ao sucesso do empreendimento.

Muitas vezes falamos aos montes negligentemente; tal falar não será eficaz, uma vez que não conhecemos a vontade de Deus. Mas, se sabemos com clareza, qual o desejo de Deus e não duvidamos, podemos dirigir-nos ao monte com ousadia, e dizer: "Ergue-te e lança-te no mar", e isso deveras será feito. Aqui o Senhor nos comissiona para sermos aqueles que dão as ordens.

Ordenamos aquilo que Deus já estabeleceu, isso é oração de autoridade.

Assim, a oração de autoridade não é pedir diretamente a Deus; é aplicar a autoridade de Deus diretamente à dificuldade. Todos temos nossos montes. Podem não ser do mesmo tamanho ou da mesma espécie. Como regra, porém, tudo o que bloquear sua vida espiritual é algo que você pode ordenar que saia de você. Isso é oração de autoridade.

A oração de autoridade relaciona-se intimamente com o ser vencedor. Os cristãos, pois, que não conhecem tal oração, não serão vencedores. Lembremo-nos sempre que aquele que se assenta no trono é Deus; o nosso Senhor. O inimigo está sujeito a esse trono. Só a oração pode "ligar" o poder de Deus. Nada mais pode fazê-lo realizar algo. Daí a máxima importância da oração. Se não houver oração, como poderemos ser vencedores?

Somente os que conhecem a oração de autoridade sabem o que ela realmente é. O principal trabalho dos vencedores é trazer à terra a autoridade do trono celestial. Hoje há um só trono: o trono de Deus. Somente ele domina e reina muito acima de todos. Para participar dessa autoridade, é preciso oração. Como a oração é necessária! O que pode mover o trono pode mover toda e qualquer coisa. Precisamos ver que Cristo subiu ao céu muito acima de tudo e que todas as coisas estão colocadas em sujeição sob seus pés. Então, poderemos usar a autoridade do trono para governar todas as coisas. Todos nós precisamos aprender essa oração de autoridade.

Quatro

Como colocar em prática a oração de autoridade? Mencionemos alguns exemplos. Por exemplo: suponhamos que um irmão fez algo errado, e você se sente na obrigação de adverti-lo. Contudo, há uma dificuldade nisso porque você teme que ele não o ouça. Você não está certo se ele aceitará ou não sua admoestação. Entretanto, se você conhece a oração de autoridade, pode controlar esse assunto mais facilmente. Você pode orar: "Senhor, não posso ir a ele, mas ordena tu que ele venha a mim". Você vai ao trono a fim de mobilizar aquele irmão. Certo é que, depois de pouco tempo, ele vem a você e lhe diz: "Irmão, há algo que gostaria que você esclarecesse". Então você estará em condições de admoestá-lo de modo mais conveniente. Isso é oração de autoridade. Nada fazendo de sua própria força, mas fazendo-o por meio do trono. Oração de autoridade não é suplicar a Deus contra sua vontade; é notificá-lo do que você sabe que deve ser feito e ele o fará.

A oração de autoridade pode controlar tanto o tempo como as pessoas. George Muller teve uma experiência dessas. Certa vez, ele viajava para Quebec e o navio passava por denso nevoeiro. Ele se dirigiu ao capitão do navio, dizendo: "Capitão, vim dizer-lhe que preciso estar em Quebec sábado à tarde". "É impossível", replicou o capitão. "Então, se o seu navio não pode levar-me lá a tempo, Deus tem algum outro meio", disse Muller. Depois ajoelhou-se e fez uma oração muito simples. Então, disse ao capitão: "Capitão, abra a porta de sua cabina, e verá que o nevoeiro se dissipou". E, olhando o capitão, verificou que, de fato, o nevoeiro desaparecera. O irmão Muller chegou à Quebec no sábado à tarde e pôde cumprir seu compromisso. Isso é oração de autoridade.

Se Deus deve ter uma companhia de vencedores, é necessário que haja oração de guerra. Precisamos lutar contra Satanás não somente quando nos deparamos com algo, mas também quando acontecem coisas ao nosso derredor. Precisamos controlá-las por meio do trono. Ninguém pode ser vencedor sem ser guerreiro na oração. Para que alguém verdadeiramente seja vencedor diante de Deus, é preciso aprender a fazer a oração de autoridade.

A Igreja, usando a oração de autoridade, pode controlar o inferno. Uma vez que Cristo está muito acima de tudo, e é o cabeça da Igreja, ela pode perfeitamente controlar os espíritos maus e tudo o que pertence a Satanás. Como poderia ela existir na terra, se não lhe fosse dada autoridade para controlar os espíritos maus, se o Senhor não lhe houvesse dado tal autoridade? Ela vive porque tem autoridade sobre toda força satânica. Os que são espirituais sabem que podemos usar a oração de autoridade contra os espíritos maus; podemos expelir demônios no nome do Senhor; podemos conter as atividades secretas dos espíritos maus por meio da oração.

As astúcias de Satanás são muito variadas; seus espíritos maus não somente possuem as pessoas abertamente; operam também secretamente, de muitos modos. Às vezes operam na mente do homem, inculcando nela muitos maus pensamentos, tais como suspeita, terror, descrença, desapontamento, imaginações más, ou distorções, de modo a enganar e a preocupar. Em outras ocasiões roubam palavras do homem e criam certo pensamento que injetam na mente de outrem, causando divisões e perturbações. Precisamos usar a oração para vencer as variadas atividades dos espíritos maus. Em reuniões, em encontros de oração, ou em conversas, precisamos primeiro declarar: "Senhor, retira todos os maus espíritos e proíbe-lhes de ter qualquer atividade neste lugar".

É fato que todos os demônios estão em sujeição sob os pés da Igreja. Se ela usa autoridade na oração, até os maus espíritos lhe serão sujeitos. A oração de autoridade não é como os pedidos comuns; é o exercitar a autoridade de comandar. Proferir autoridade é fazer a oração de comando, dizendo: "Senhor, eu quero", "Senhor, eu não quero", "Senhor, estou decidido a ouvir isto", "Senhor, não deixarei isto passar", ou "Senhor, a tua vontade será feita, nada mais quero". Quando usamos essa autoridade, nossa oração alcança seu alvo. Se houvesse mais gente na Igreja aprendendo a orar dessa maneira, muito mais problemas da Igreja seriam facilmente resolvidos. Devemos orientar e dirigir os assuntos da Igreja por meio da oração.

Precisamos ver que Cristo já subiu ao céu; do contrário, não temos nenhum poder. Cristo é agora o cabeça de todas as coisas, e todas as coisas lhe estão sujeitas. Para a igreja, ele é o cabeça de todas as coisas. Ele se torna o cabeça de todas as coisas por amor da Igreja. E, como Cristo é o cabeça de todas as coisas para a Igreja, todas as coisas precisam necessariamente estar sob a Igreja. É para isso que precisamos atentar.

Quinto

A oração de autoridade possui dois aspectos: um é o ligar, o outro é o desligar. Tudo que for ligado na terra será também ligado no céu; e tudo que for desligado na terra será desligado no céu. O que é feito na terra também será feito no céu (Mateus 18.18.). O versículo 19 continua com oração. De modo que tanto o desligar como o ligar são realizados mediante a oração. Tanto a oração para ligar como a oração para desligar são de autoridade. A oração comum é pedir que *Deus* ligue e desligue. A oração de autoridade, porém, é usar a autoridade a fim de ligar e desligar. Assim, Deus liga porque a Igreja já ligou; Deus desliga porque a Igreja já desligou. Deus deu autoridade à Igreja; ele fará tudo o que a Igreja expressar por meio dessa autoridade.

Examinemos primeiro *a oração para ligar.* Muitas pessoas e coisas precisam ser ligadas. Um irmão pode ser muito tagarela. Precisa ser atado. Você pode ir a Deus e orar: "Ó Deus, não permitas que esse irmão fale tanto. Ata-o para que não aja assim". Dessa forma você o ata, mas *Deus* também o ligará no céu, de modo que ele passará a falar menos. Ou pode ser que sua esposa ou seu marido, os filhos ou amigos estejam interrompendo sua oração ou seu período de estudo bíblico. Você pode usar a autoridade a fim de fazer a oração de ligar a respeito dessas pessoas que frequentemente o interrompem. Você pode dizer a Deus: "Ó Deus, ata-os de modo que nada possam fazer para me interromper".

Em uma reunião, algum irmão pode dizer coisas que não devem ser ditas; pode citar as Escrituras inadvertidamente ou escolher hinos inadequados. Essa pessoa precisa ser atada. Você pode dizer: "Senhor, fulano seguidamente erra; não permitas que ele faça essas coisas nunca mais". Ao ligar assim, você verá que Deus também o ligou. Às vezes alguém perturbará a paz da reunião talvez por conversas, choro ou caminhar de um lado para o outro. Essas atividades ocorrem com frequência nas reuniões. E os perturbadores geralmente são sempre os mesmos. Esses indivíduos e suas ações precisam naturalmente ser ligados. Então, você diz: "Ó Deus, observamos que essas pessoas sempre perturbam a reunião. Ata-os e não permitas que perturbem". Você verá que, se houver dois ou três atando na terra, Deus também atará no céu.

Não apenas essas perturbações precisam ser ligadas, mas muitas obras dos demônios também precisam ser atadas. Cada vez que o evangelho é pregado ou um testemunho é dado, o Diabo trabalhará na mente humana, cochichando muitas palavras e injetando-lhe pensamentos inadequados e prejudiciais. A Igreja precisa amarrar esses espíritos maus, proibindo-lhes o sussurro e a ação. Você deve declarar: "Senhor, ata todas as obras dos espíritos malignos". Se você os liga na terra, eles serão, da mesma forma, ligados no céu.

Examinemos agora *a oração para desligar.* O que precisa ser desatado? Exemplifiquemos. Muitos irmãos tímidos não ousam abrir a boca numa reunião. Têm medo de testemunhar ou de se comunicar com os outros. Devemos pedir que Deus liberte esses irmãos da escravidão da timidez.

Às vezes, podemos exortá-los com palavras, mas, há ocasiões quando não precisamos dizer-lhes nada; em vez disso, achegamo-nos ao trono pedindo que exerça controle na situação. Há pessoas que realmente se disporiam para servir ao Senhor, e que, todavia, estão atadas por ocupação, questões de família, parentes incrédulos ou circunstâncias externas. Podem estar ligados a muitos tipos de escravidão. Mas, podemos pedir a Deus que as liberte para que possam testemunhar do Senhor. Estamos, de fato, conscientes da necessidade da oração de autoridade? Vemos realmente sente sua urgência?

Quanto à questão do dinheiro, deve ser também desatada por meio de nossa oração. Satanás muitas vezes encurta o bolso do homem. Às vezes, precisamos pedir a Deus que solte o dinheiro para que sua obra não sofra por falta de recursos financeiros.

A verdade também precisa ser desatada. Deveríamos frequentemente orar: "Ó Senhor, desata a tua verdade". Muitas verdades estão tão ligadas ao ponto de não serem proclamadas; muitas verdades são proclamadas, mas poucos as ouvem e compreendem. Por essas razões, devemos pedir a Deus que desligue sua verdade para que possa penetrar no coração dos seus filhos. Em muitos lugares, a verdade parece bloqueada de forma a não entrar na vida do povo; aí parece não haver possibilidade de que as pessoas a recebam. Como precisamos pedir a Deus que liberte a verdade para que muitas igrejas sob escravidão possam ser libertas, e muitos lugares fechados possam ser abertos! Somente o Senhor sabe como enviar a verdade a lugares fechados. À medida que orarmos com autoridade, o Senhor enviará a verdade. Estejamos, portanto, alertas às muitas coisas que precisam ser desligadas por meio da oração de autoridade.

Precisamos dar especial atenção à oração para ligar e à oração para desligar. Há muito para ser atado ou desatado. Aqui não nos omitimos; antes, usamos a autoridade para atar e desatar. Seja Deus gracioso para conosco, de modo que todos possamos aprender a orar; precisamos também conhecer a vitória de Cristo. Na vitória de Cristo, libertamos; na vitória de Cristo, atamos. Ataremos todas as coisas contrárias à vontade de Deus. A oração de autoridade é o domínio do céu na terra ou o uso da autoridade do céu na terra.

Não passamos de peregrinos na terra; na realidade, todos nós somos pessoas celestiais, tendo, assim, autoridade celeste. Por isso, todo o que é chamado pelo nome do Senhor é, na terra, um representante dele. Somos embaixadores de Deus. Temos a sua vida. Fomos libertados do poder das trevas e transportados para o reino de amor do Filho de Deus; consequentemente, temos a autoridade celestial. Em todos os tempos e em todos os lugares, mantemos a autoridade do céu. Podemos controlar as questões terrestres por meio do céu. Dê-nos o Senhor a graça de sermos verdadeiramente guerreiros da oração por amor do Senhor, exercitando sua autoridade como vencedores, de modo que a vitória de Cristo possa ser manifestada.

Seis

Finalmente, cumpre apresentar aqui uma séria advertência: precisamos nós mesmos estar sujeitos à autoridade de Deus. A menos que estejamos em sujeição à autoridade de Deus, não poderemos exercitar a oração de autoridade. Devemos estar sujeitos à autoridade divina não só posicionalmente, mas também em nossa vida e prática diárias; de outro modo, não teremos a oração de autoridade.

Certa vez um jovem foi enviado a fim de expulsar demônios de uma moça. O demônio sugeriu à jovem que tirasse o vestido. Imediatamente o jovem irmão exercitou autoridade, ordenando ao demônio: "Em nome do Senhor Jesus, eu te proíbo de tirar o vestido". "Muito bem", replicou o demônio imediatamente, "se você não me permite tirar o vestido, não o tirarei." Ora, se a vida particular daquele irmão fosse um fracasso, ele teria sido derrotado diante do demônio, pois o demônio não somente não teria obedecido à ordem dele, mas também teria exposto seu pecado.

Sabemos que a criação foi originalmente colocada sob o controle do homem. Por que, então, a criação não ouve o comando do homem, hoje? Porque o próprio homem falhou em ouvir a palavra de Deus. Por que o leão matou o homem de Deus? Porque desobedeceu à ordem de Deus (ver 1Reis 13.20-25). Mas, por outro lado, por que os leões não feriram a Daniel quando foi lançado na cova deles? Porque era inocente diante de Deus, não tendo causado nenhum prejuízo ao rei. Assim, Deus enviou seu anjo para fechar a boca dos leões (Daniel 6.22). Assim também uma víbora não pôde causar dano à mão de Paulo, o servo de Deus (Atos 28.3-6), mas os vermes devoraram o orgulhoso Herodes (Atos 12.23). Se estivermos sujeitos à autoridade de Deus, seremos temidos pelos demônios que, por sua vez, estarão sujeitos à nossa autoridade.

A Bíblia revela, outrossim, a relação íntima entre oração, jejum e autoridade. A oração retrata nosso desejo por Deus, ao passo que o jejum exemplifica nossa autonegação. O primeiro privilégio que Deus garantiu ao homem foi a comida. Deus deu comida a Adão antes de dar-lhe tudo o mais. De modo que o jejum significa a negação do primeiro direito do homem. Muitos cristãos jejuam sem realmente negar o eu; e, assim, seu jejum não é aceito. Os fariseus jejuavam, por um lado, mas extorquiam, por outro. Se eles realmente jejuassem, devolveriam o que tinham extorquido. Uma vez que a oração é um anseio por Deus e o jejum é uma negação do eu, a fé instantaneamente será acendida quando esses dois fatores se unirem. E, então, com fé, há autoridade para expelir demônios. Agora, se ansiamos por Deus, mas recusamo-nos a negar o eu, não teremos fé e, logo também não teremos autoridade. Mas, se temos tanto um anseio por Deus como a negação do eu, teremos, imediatamente, a fé e a autoridade. Podemos rapidamente gerar a oração da fé, a saber, a oração de autoridade. Conserve em mente que a oração de autoridade é a mais espiritual e também a mais importante das orações.

5

Vigiai e orai

"E orai em todo o tempo com toda a oração e súplica no Espírito. Vigiai nisto com toda a perseverança e súplica por todos os santos". (Efésios 6.18)

O trecho sobre o qual nossa atenção será focalizada é "Vigiai nisto com toda a perseverança". Que indica "nisto"? Lendo a expressão precedente, percebemos que se refere à oração e à súplica no Espírito. O que o apóstolo quer dizer é que "orai em todo o tempo com toda oração e súplica no Espírito" ainda não é suficiente, e que "Vigiai nisto com toda perseverança" deve ser acrescentado à oração e à súplica. Em outras palavras, é necessário que haja oração, de um lado, e vigilância, de outro. Que significa vigiar? Significa supervisionar ou conservar os olhos abertos, não dormir; significa prevenir de qualquer perigo ou emergência. Vigiar em oração e súplica significa ter visão espiritual a fim de discernir as astúcias de Satanás e descobrir-lhe a finalidade e os meios. Entremos agora em alguns dos aspectos do vigiar em súplica e oração.

Um

A oração é uma espécie de serviço. Deve ser colocada em uma posição elevada. Satanás sempre procura colocar outras coisas concernentes ao Senhor à frente da oração, deixando-a em último lugar. Por mais que as pessoas tenham consciência da importância da oração, não são muitos os que realmente a apreciam. As pessoas normalmente gostam das reuniões de ministração, estudo bíblico, e assim por diante. Sempre terão tempo para essas reuniões. Mas no que se refere às reuniões de oração, a frequência é surpreendentemente pequena. Não importa quantas mensagens sejam pregadas lembrando-nos de que nosso principal serviço é a oração e que, se falharmos nessa tarefa, falharemos em tudo o mais, ainda assim, a oração continua sendo pouco apreciada e considerada assunto de segunda categoria e sem consequências. Podemos estar mergulhados numa pilha de problemas, podemos dizer com nossos lábios que somente por meio da oração obteremos a solução e, ainda assim, falar mais que orar, preocupar-nos mais que orar e planejar mais que orar. Em suma, tudo é colocado antes da oração; outras coisas são colocadas em posição de destaque, ao passo que a oração é relegada ao último lugar; ela é considerada algo sem importância.

Alguém que conhece o Senhor profundamente disse, certa vez: "Todos nós temos cometido o pecado de negligenciar a oração; devemos dizer a nós mesmos: 'Eu tenho negligenciado a prática da oração'. Deveríamos dizer, ainda, a nós mesmos: 'Eu não tenho compromisso de manter uma vida de oração'. Não deveríamos lamentar que os outros não orem; nós mesmos precisamos nos arrepender. Como precisamos que o Senhor ilumine nossos olhos para que compreendamos de novo a importância da oração e conheçamos de novo o seu valor. Mais ainda, precisamos reconhecer que se Satanás não nos tivesse enredado, não teríamos negligenciado tanto a oração. Devemos, portanto, vigiar e descobrir nisso as várias astúcias de Satanás. Não mais permitindo que ele nos engane, levando-nos a descuidar da prática da oração".

Dois

Depois de despertados para a importância da oração e tendo nos oferecido para servir nesse ministério, seremos incessantemente atacados por Satanás, de modo que simplesmente não conseguiremos encontrar tempo para orar. Quando estivermos prontos para orar, alguém baterá à nossa porta, ou o telefone tocará. Os adultos discutirão ou as crianças exigirão nossa atenção. Se não for doença, será qualquer outro acontecimento inesperado. Antes de decidirmos entregar-nos à oração, parece que tudo está calmo; mas, no momento em que desejamos orar, as coisas ficam tumultuadas. Muitos imprevistos surgem, aparentemente, do nada. Numerosas dificuldades aparecem para dificultar nossa oração, tentando sufocá-la. São coincidências? Certamente não. Não são coincidências, de modo nenhum; são estratégias de Satanás a fim de impedir-nos de orar.

Satanás está disposto a encorajar-nos a fazer muitas coisas, desde que isso contribua para diminuir nosso tempo de oração até que ele seja totalmente extinto. Ele sabe muito bem que a obra espiritual que não for estabelecida sobre o fundamento da oração não tem muito valor e eventualmente fracassará. Daí sua estratégia é manter-nos ocupados com outras coisas de modo a negligenciarmos a oração. Ocupamo-nos em atividades frenéticas desde a alvorada ao pôr do sol; trabalhamos, visitamos, oferecemos hospitalidade, pregamos, de modo que a oração é deixada de lado para quando sobrar um tempinho.

Leia as palavras de um cristão que conheceu o Senhor profundamente:

> Quando os filhos de Israel começaram a planejar seu êxodo do Egito, a reação de Faraó foi dobrar o seu trabalho. O objetivo de Faraó era torná-los tão ocupados com o trabalho que não tivessem tempo para pensar em sair do Egito. Quando a pessoa começa a planejar ou decide pôr em prática uma vida de oração mais abundante, Satanás dá início a um novo estratagema para torná-la mais ocupada, empilhando seus trabalhos, ocupando seu tempo com necessidades para que a pessoa não tenha oportunidade para orar. Julgo, queridos irmãos, que devemos tratar desse problema com cuidado. Naturalmente, ao lutar por um tempo de oração, haverá argumentos a respeito de nossa missão, dever e responsabilidade. Algumas pessoas considerarão tal devoção à oração como negligência para com a missão, abandono do dever e prejuízo para nossa responsabilidade. Se somos confrontados com tal situação, devemos trazer nossos problemas referentes à missão, dever e responsabilidade ao Senhor e orar a esse respeito (Esse tipo de oração pode não ser aplicável a todos os cristãos, pois pode ser mal-interpretada. Algumas pessoas prefeririam abandonar seu dever; não levam a sério suas responsabilidades; estão muito

ansiosas para passar os deveres que têm para com suas famílias a outros, dizendo que assim terão tempo para orar. O Senhor guarde, pois, estas palavras de serem mal-entendidas.). Reconheçamos: o inimigo usará coisas como o dever, a missão e a responsabilidade para criar seu melhor argumento a fim de interromper nossa oração. Tão logo percebamos que nossa vida de oração foi completamente destruída ou que caímos numa posição restrita, na qual não temos meios para levar uma vida espiritual ascendente e vitoriosa, devemos dizer ao Senhor: "Óh Senhor, enquanto oro, entrego-te meus deveres, e suplico-te que impeças que sofram qualquer dano. Peço-te que protejas este período de oração e proíbas Satanás de intrometer-se, pois estou usando este tempo para buscar a tua glória". Aqui, na esfera da oração, o princípio do dízimo pode ser também praticado. Depois de oferecer a Deus sua porção de direito, você descobrirá que, por ter oferecido um décimo para Deus, poderá usar mais eficientemente os nove décimos que lhe restarem do que se tivesse conservado tudo o que tinha e não dizimado. O princípio do dízimo é muito eficaz.

Aqui precisamos perceber o tipo de oração de guerra. Precisamos ser fortes e poderosos, permanecendo firmes sobre a base de Cristo e orando pela vitória da cruz. Precisamos utilizar a completa vitória de Cristo na cruz em nossa luta pela oração, expulsando o inimigo, preservando em manter o tempo a sós com Deus. Isso é semelhante ao que aconteceu com Samá, um dos valentes de Davi, que permaneceu no meio de um terreno cheio de lentilhas, e defendeu-o e feriu os filisteus. O Senhor operou uma grande vitória por meio dele (ver 2Samuel 23.11,12). Esse pedaço de terra cheio de lentilhas representa nossa posição de oração que precisa ser guardada, escondida na cruz do Calvário da intrusão do inimigo. Esse é um tipo de operação de guerra para obter a oração, por amor dela mesma. Preocupo-me bastante porque nós, frequentemente, aceitamos arranjos circunstanciais como motivo para pensar que a oração é correntemente impossível. Uma vez que as coisas surgiram e se desenvolveram a tal ponto, reconhecemos que é fútil agora falar de oração. Assim, cedemos terreno ao inimigo e somos impedidos de orar por essas coisas. Observe que este é um estratagema de Satanás. Em nome do Senhor e por sua vitória na cruz, precisamos varrer todos esses obstáculos à oração. A cruz é muitíssimo eficiente para obter para nós o tempo de oração, assim como é sempre eficiente em outras áreas.

As palavras acima trazem-nos muita advertência e exortação. Precisamos lutar pelo tempo de oração. Se esperarmos ter tempo algum tempo livre para orar, nunca conseguiremos orar. Devemos intencionalmente separar um tempo diário para a oração. "Aqueles que não tiram tempo para a oração", adverte Andrew Murray, "não oram". Por essa razão, precisamos certificar-nos de que tenhamos tempo para orar. Precisamos também orar para que o período de oração não seja interrompido ou roubado pelas astúcias de Satanás.

Três

Precisamos ser cuidadosos em perservar no tempo de oração, mas também em ser vigilantes durante o tempo de oração, de modo a podermos realmente orar. Satanás usará seus truques a fim de impedir nossa oração mesmo depois de já estarmos ajoelhados, assim como anteriormente fez uso de situações externas e de toda sorte de coisas para oprimir-nos e impedir-nos de ter tempo para orar.

Estamos tranquilos, com a mente clara, e concentrados para orar. Porém, no instante em que nos ajoelhamos para orar, nossos pensamentos começam a divagar; o que não devia ser lembrado nos vem à mente; o que não devia ser planejado é feito com riqueza de detalhes, e muitas coisas desnecessárias são lançadas em nossa mente. Todos esses pensamentos estavam ausentes antes de começar nosso tempo de oração, mas agora se multiplicam e nos perturbam exatamente na hora da oração.

O ambiente externo permanece agradavelmente calmo, nada realmente surge para incomodar; mas, tão logo ajoelhamos para orar, nossos ouvidos parecem ouvir vozes; na realidade o balido de ovelhas e o mugir de gado não vêm de fora, ainda que muitas vozes se ergam para interferir em nossa oração. Ou podemos estar fisicamente bem, mas basta começarmos a orar, tornamo-nos fisicamente exaustos como se fôssemos incapazes de continuar, e isso não está relacionado à falta de sono, pois antes de orar nada sentíamos.

Algumas vezes estranhos sintomas repentinamente surgem. A oração é, originalmente, designada para descarregarmos nossos fardos; contudo, quando nos ajoelhamos para orar, não pronunciamos sequer uma palavra e nos sentimos como se estivéssemos sendo sufocados. Muitos são os objetos da oração, mas, no momento da oração, ficamos paralisados, frios e perdidos. Ainda que nos esforcemos para orar, é como se falássemos ao ar, esvaindo-nos por completo em duas ou três palavras.

Todas as circunstâncias acima mencionadas acontecem abruptamente durante o período de oração. Se ignoramos as astúcias que Satanás usa para destruir nosso tempo de oração, podemos decidir levantar e desistir de orar. Por amor à oração, por amar descartar nossos fardos, precisamos vigiar em oração: vigiar contra todo tipo de condições que nos impedem de orar.

Esse é um campo de batalha. Antes de orar devíamos primeiro usar a oração a fim de pedir a Deus que nos capacite a orar; e, durante o período de oração, devemos pedir que Deus nos ajude a orar com um só propósito em mente, de modo que nossa oração não seja obstruída por nenhum ardil do inimigo. Diremos aos pensamentos, vozes, fraquezas e doenças perturbadores: "oponho-me a todos esses fenômenos sem causa, pois são mentiras, são enganos de Satanás". Levantemos a nossa voz para afugentá-los; não cedamos terreno para o inimigo. Precisamos vigiar e resistir aos ataques de Satanás com oração para que possamos não somente orar, mas orar de modo completo.

Orar de modo completo e orar com poder não são expectativas vãs. Facilidade e conforto não nos conduzirão à vida de oração, nem entraremos nela sem esforço. Precisamos aprender um pouco, quebrar-nos um pouco e lutar um pouco para obter esse tipo de oração.

Quatro

Durante o período de oração precisamos, mais ainda, guardar-nos contra tudo o que realmente não seja oração. Devemos saber que Satanás não apenas deseja impedir-nos de ter tempo e poder para orar, mas também fará que desperdicemos o tempo de oração, proferindo muitas palavras esparsas, sem relação, não importantes, vazias, bem como numerosos pedidos vãos. Nosso período de oração pode ser tão completamente ocupado com essas coisas que nossa oração é igual a zero. Orações carnais, batidas, longas, rotineiras, frias e ignorantes são simplesmente perda de tempo. Podem ter aparência de nossas orações habituais; contudo, a sugestão, a instigação e o engano de Satanás não estão totalmente ausentes. Se não vigiarmos, nossa oração se tornará vazia de qualquer significado e consequência.

Um irmão conta a seguinte história: "Li um relato de Evan Roberts. Certa vez, várias pessoas estavam na casa dele orando. No meio da oração, Roberts colocou a mão sobre a boca do irmão e disse: 'Irmão, você não precisa orar mais, pois você realmente não está orando.' Ao ler sobre o incidente, pensei: Como pôde Evan Roberts fazer isso? Contudo, ele o fez. Agora sei que ele estava certo." Muitas palavras em nossa oração são proferidas na carne pela instigação de Satanás, tornando a oração bem longa, mas muito dela é irreal e inútil.

Não será isso verdade? Muitas vezes, ao orar, parece que damos a volta ao mundo. O tempo é gasto e as forças se vão e, ainda assim, nenhuma palavra da oração atinge seu alvo. Como podemos esperar que tal oração seja ouvida por Deus? Não tem nenhum valor espiritual. Consequentemente, precisamos vigiar em oração. Não encompride o tempo, não apresente demasiadas razões; simplesmente derrame seu sincero desejo diante de Deus e nunca use muitas palavras vãs.

Sejamos vigilantes, para que não falemos descuidadamente. Alguém que sabia orar escreveu um poema contendo uma sentença sobre a oração: "Se você vai à presença de Deus para orar, primeiro prepare o que você deseja pedir". Se não sabemos o que desejamos, quando nos ajoelhamos para orar, como esperar que Deus ouça nossa oração? Se a oração é sem objetivo e fria, equivale a não orar. Você cai na armadilha de Satanás, que o faz pensar que orou, embora realmente você não o tenha feito. Precisamos ser vigilantes, de modo que, cada vez que nos aproximarmos de Deus, saberemos de antemão qual é o desejo do nosso coração.

Não ore sem nenhum desejo no seu coração. Todas as orações devem ser governadas por anseios do coração. Veja como nosso Senhor dá atenção a isso. Bartimeu, mendigo cego, clamou ao Senhor: "Jesus, filho de Davi, tem misericórdia de mim!". O Senhor Jesus lhe respondeu: "Que queres que te faça?" (Marcos 10.47,51). Ora, o Senhor fará a você precisamente a mesma pergunta: "Que queres que te faça?". Você consegue responder a essa pergunta? Alguns cristãos, após terem orado durante dez ou vinte minutos, poderão ser incapazes de dizer o que pediram a Deus, naquele tempo. Embora profiram muitas palavras em suas orações, eles mesmos desconhecem o que pediram. Tal expressão é insensível e sem objetivo e não pode ser considerada oração. Precisamos guardar-nos vigilantemente contra todo tipo de oração como essa.

Durante a oração, palavras que podem expressar desejo são tão importantes como o próprio desejo. Frequentemente há um desejo definido em nosso coração; contudo, depois de dizer muitas palavras, parece que nos distanciamos ainda mais do nosso assunto. Isso também exige vigilância, pois a astúcia de Satanás é empurrá-lo para fora da oração ou fazê-lo ir longe demais nela, de modo que você se perca por completo. Precisamos estar atentos e proteger-nos, não permitindo que as palavras de nossa oração se desviem do assunto, e, caso isso ocorra, trazê-las de volta ao foco. Estejamos sempre alertas a fim de caminhar para o alvo. Estejamos atentos para não permitir que palavras indesejáveis infiltrem-se em nossa oração.

Cinco

Vigiemos e oremos. Jamais permitamos que Satanás interrompa nossa oração com seus artifícios. Ele frequentemente nos acusa, quando sofremos qualquer pequena derrota. Ele tentará analisar nossa vida, durante o período de oração, tornando-nos incapazes de dizer palavra alguma diante de Deus. Também poderá nos desencorajar, fazendo que as promessas de Deus pareçam vazias e distantes, levando-nos ao desânimo e à falta de esperança em Deus. Contudo, se nossa oração está de acordo com a vontade de Deus, devemos perseverar em oração. Mesmo fracassando em algo, ainda podemos chegar a Deus, mediante o sangue do Cordeiro; não há razão para deixar Satanás interferir. Devemos agir como aquela viúva que foi ao juiz iníquo tantas vezes que ele decidiu julgar sua causa (ver Lucas 18.5). Devemos ser como a sunamita que recusou deixar Eliseu até que ele se dispusesse a segui-la (ver 2Reis 4.30). Cremos que toda demora na resposta à oração capacita-nos a aprender algo que não sabíamos antes e a descobrir o que antes era desconhecido. Em qualquer caso, não permitiremos que Satanás corte ou destrua nossa oração.

Quando alguns de nós oramos juntos, Satanás não fica satisfeito. Ele colocará em nosso caminho todo tipo de ciladas e fará toda a sorte de movimentos a fim de interromper nossa oração. Coisas tais como rumores infundados, histórias inverídicas, suspeitas sem causa, crescente desentendimento, estranho medo e terror infundado, são secretamente infundidos por Satanás para criar divisão, para agitar e para destruir a unidade na oração. Em vista disso, precisamos seguir esta instrução: "Examinais tudo" (1Tessalonicenses 5.21). Não creia rapidamente, nem faça qualquer comentário. Se estivermos vigilantes, descobriremos que muitas palavras e ações desnecessárias e incorretas não passam de artifícios de Satanás, cujo objetivo é enfraquecer o coração e a mão do povo de Deus e, se possível, dividi-lo. Por isso, devemos orar por um lado e vigiar por outro. Sigamos o exemplo de Neemias que colocou vigias enquanto o muro era reconstruído (Neemias 4.9). Nossa resposta às ameaças de Satanás deve ser: "De tudo o que dizes coisa nenhuma aconteceu; tu, do teu coração, é que o inventas [...] homem como eu fugiria? e quem há, como eu, que entre no templo para salvar a vida? De maneira nenhuma entrarei" (Neemias 6.8,11). Não ficaremos temerosos, nem cessaremos de orar. Certa vez um irmão disse: "Precisamos colocar vigias a fim de guardar-nos contra as ciladas de

Satanás, cujos meios para destruir a vida do povo de Deus em muito excedem nossa habilidade de contá-los ou enumerá-los". À vista disso tudo, precisamos vigiar com toda perseverança e cuidadosamente inspecionar todas as coisas, para que não demos a Satanás a oportunidade de dividir-nos, destruir nossa unidade em oração, nem interromper nossas orações.

Seis

Precisamos vigiar em nossa oração para que não se torne vaga. É evidente que muitos assuntos precisam ser resolvidos, muitas pessoas precisam de intercessão, a mensagem central de Deus precisa ser revelada e não poucos problemas precisam de solução; contudo, na hora da oração, parece não haver assunto definido pelo qual orar, e há uma total ausência de palavras para expressar nossa oração. Lutamos para dizer duas ou três sentenças antes de nos calarmos. Claramente, isso é um assalto satânico.

Sem dúvida, há ocasiões em que nossa oração parece rotineira, porque somos preguiçosos, indiferentes, faltos de amor, não cuidadosos; mas, há momentos quando realmente nos juntamos para orar e percebemos que nossas orações são frágeis e poucas. Isso prova que alguém está interferindo em nosso tempo de oração, e certamente não é outro senão o próprio Satanás, com seu plano para obstruir nossa oração. Se fôssemos vigilantes, descobriríamos que muito de nosso esquecimento, fracasso em recordar e tendência a delongas cansativas não deve ser atribuído a nós; essas coisas são efeitos de engano, furto e ataque satânicos. Precisamos opor-nos a essas armadilhas de Satanás.

Quer oremos por pessoas ou por coisas, quer por verdade ou problemas, devemos orar de modo completo. Tenha em mente que uma oração apressada, uma oração muito econômica no tempo é, comumente, uma oração negligente, que fornece uma fácil brecha para o inimigo. Não sejamos indolentes; em vez disso, por um lado, peçamos ao Senhor que nos capacite a recordar todos os fardos de oração e que nos dê palavras para expressar esses fardos; e, por outro lado, tratemos de nossa indolência e procrastinação.

Nosso Senhor levantou-se "alta madrugada" e "orava". Quando Simão e seus companheiros lhe disseram: "Todos te buscam. Jesus, porém, lhes disse: 'Vamos às aldeias vizinhas, para que eu ali também pregue. Foi para isso que eu vim' " (Marcos 1.37,38). Como ele é objetivo e consciente! Nosso Senhor "Naqueles dias subiu ao monte a fim de orar, e passou a noite em oração a Deus. Quando já era dia, chamou a si os discípulos, e escolheu doze dentre eles, a quem também deu o nome de apóstolos" (Lucas 6.12,13). Novamente, como é objetivo e consciente! O apóstolo Paulo recorda os santos de Éfeso que orem em todo o tempo no Espírito, vigiando com toda perseverança "[...] súplica por todos os santos. Orai também por mim, para que me seja dada, no abrir da minha boca, a palavra com confiança, para com intrepidez fazer conhecido o mistério do evangelho, pelo qual sou embaixador em cadeias, para que possa falar dele livremente, como devo falar" (Efésios 6.18-20). Tal súplica é muitíssimo concreta, distinta e necessária. Se estamos conscientes do corpo de Cristo e temos interesse pelas almas, pelos santos e pelas obras dos servos de Deus, teremos muitos motivos para orar.

Precisamos orar por toda verdade. Escrevendo aos santos em Éfeso, Paulo disse: "Por causa disto me ponho de joelhos perante o Pai de nosso Senhor Jesus Cristo, [...] para que [...] vos conceda [...]" (3.14-16). Deste texto concluímos que a revelação da verdade gloriosa que Paulo recebeu veio por intermédio da oração, e oração é revelação. O real valor da luz da verdade vem pela oração. Devemos orar a verdade para dentro de nossa vida e, então, orar a verdade para fora. Devemos orar muito a respeito das verdades que temos ouvido e falado, de modo que essas verdades não sejam somente relembradas em nossa mente e escritas em nossos cadernos, mas sejam também manifestadas em nossa vida.

Tudo isso exige oração objetiva e consciente! Por trás de várias dificuldades estão os demônios que as dirigem. Se não estamos vigilantes, podemos pensar que são apenas dificuldades humanas ou físicas. Mas, se tivermos visão espiritual, enxergaremos além desses obstáculos e expulsaremos os demônios que se escondem por trás deles. Algumas vezes, como o Senhor indicou, "[...] esta casta de demônios não se expulsa senão por meio de oração e jejum" (Mateus 17.21). Isso requer de nós vigilância e oração. Se não for assim, essas dificuldades se levantarão como uma montanha que forçará você a viajar para rodeá-la em vez de lançá-la ao mar. Ah, que possamos estar em acordo, para que oremos conscientemente, expondo todos os ardis de Satanás, destruindo todas as suas fortalezas e expulsando todos os demônios escondidos atrás de toda dificuldade.

Sete

Precisamos vigiar não somente antes e durante a oração, mas também depois. Precisamos observar cuidadosamente todas as mudanças que ocorrem depois de nossa oração. Todas as orações sinceras são oferecidas "com toda a súplica" e "em todo tempo", não somente uma vez, mas muitas, não somente numa direção, mas em todas as direções. De modo que, após cada oração, devemos verificar se houve uma nova descoberta, alguma nova mudança, algum novo movimento.

É como a oração de Elias no topo do monte Carmelo. Dobrou-se sobre a terra e colocou a face entre os joelhos. Sete vezes mandou seu servo ir e olhar na direção do mar para ver se havia algum sinal de chuva, até que o rapaz anunciou que vira uma pequena nuvem, do tamanho da mão de um homem. levantando-se naquela direção. Então, Elias enviou seu servo a Acabe, para dizer-lhe que aparelhasse seu carro e descesse para que a chuva não o detivesse (ver 1Reis 18.42-44). Também não é diferente da ocasião em que Eliseu orando pelo filho da Sunamita: "[...] estendeu-se sobre ele; e a carne do menino aqueceu. [...] O menino espirrou sete vezes, e abriu os olhos. Depois desceu, andou pelo quarto de uma parte para outra, e tornou a subir, e se estendeu sobre ele" (2Reis 4.34-36). Então ele devolveu o menino à mãe. Nem Elias nem Eliseu se ajoelharam para orar.

Ambos oraram e depois verificaram os efeitos de suas súplicas na mudança das circunstâncias.

Suponhamos que você ore por alguém que se opõe ao Senhor, pedindo a Deus que o faça crer. Você ora por ele com todas as orações, e você também recebe a promessa de Deus. Contudo, a situação externa parece tornar-se pior; ele se opõe ao Senhor mais fortemente que nunca. Você não pode desprezar essa mudança e continuar com sua velha oração. Ao contrário, deve observá-la e levá-la ao Senhor. Se você é vigilante, receberá luz de Deus e saberá que sua oração já influenciou o amigo incrédulo. Você pode começar a louvar a Deus. Deve, então, mudar sua oração e ajeitar sua rede. Pode ser que depois de algum tempo a atitude dele se torne mais branda e gentil. Uma vez mais você poderá mudar sua oração e usar outra rede. Mudar a oração ao observar a situação requer constante vigilância.

Efésios 6 é um capítulo que fala das lutas espirituais, a mais importante de todas é a oração mencionada em último lugar. Lembremo-nos que o alvo mais fácil na vida de um filho de Deus é a oração. Portanto, precisamos vigiar muito quanto ao período de oração, proteger a oração que está sendo feita, prevenir-nos de tudo o que não seja a verdadeira oração e não deixar que Satanás interrompa nossa oração com seus enganos vis. Saiba em todo tempo que a oração é um ministério, um serviço dos mais excelentes. Devemos vigiar e orar, aprender diligentemente a orar e jamais permitir que Satanás tenha a menor oportunidade para destruir nossa oração.

Esta obra foi composta em *Agaramond*
e impressa por BMF Gráfica sobre papel
Off Set 63 g/m² para Editora Vida.